श्रीधर प्रसाद निगम 'नाशाद' कानपुरी (1908-1970) उर्दू साहित्य जगत की एक जानी मानी हस्ती थे। वे अंग्रेजी साहित्य में एम. ए. थे और उत्तर प्रदेश सरकार में डिप्टी कलेक्टर के पद से रिटायर हुए थे। वे एक बेहद स्वाभिमानी व्यक्ति थे और आज़ादी के पहले और आज़ादी के तुरंत बाद की सामाजिक और राजनीतिक परिस्थितियों का उनके व्यक्तित्व और साहित्य पर गहरा प्रभाव था।

उनकी शायरी का पहला संकलन 'कैफ़-ए-सरमदी' 1952 में और दूसरा 'सुरूर-ए-सरमदी' सन् 1970 में छपा था। उत्तर प्रदेश सरकार द्वारा 1970 में 'सुरूर-ए-सरमदी' को विशेष पुरस्कार से सम्मानित किया गया। उन्होंने कुछ कहानियाँ और लेख भी लिखे जो उर्दू की जानी मानी पत्रिकाओं में छपे।

तत्कालीन कवि और समीक्षक जैसे 'फ़िराक' गोरखपुरी, अर्श मल्सियानी, 'जिगर' बरेलवी, डॉ. आले अहमद 'सुरूर', अफ़कर मोहानी वारसी, प्रो. रशीद अहमद सिद्दीकी और वीरेन्द्र प्रसाद सक्सेना उनकी शायरी से बेहद प्रभावित थे।

'सुरूर-ए-सरमदी' का यह देवनागरी संस्करण है।

सुरूर-ए-सरमदी में संकलित ग़ज़लें हक़ीकी शायरी के क्लासिकल अंदाज़ में रची-बसी हैं।

नाशाद साहब की शायरी में दर्द का एक ख़ास स्थान है। स्वयं उनके शब्दों में, 'मेरे यहाँ ग़म का मर्तबा बहुत बुलंद है। वह एक ऐसा पाक़ जज़्बा है जो आदमी को इंसान बना दे, गम अंगेज या उम्मीद शिकन नहीं - वो दूसरों से मुहब्बत करना, उन के दुःख में शरीक होना, उनका हाथ बटाना सिखाता है':

मौत क्या है आप ही खुल जाएगा
पहले समझो ज़िंदगी क्या राज़ है

जात पात और धर्म के भेद भाव को वह नहीं मानते:

कुछ समझते ही नहीं अहले-हरम
वरना जो सज्दा है काबा साज़ है

सीधी सादी भाषा में अनुभूतियों को व्यक्त करना उनकी ख़ासियत है:

आग देता है बागबाँ किसको
हाय जालिम, यह आशियाना है

उनकी शायरी में जीवन के हर रंग को जगह मिली है।

सुरूर-ए-सरमदी

सुरूर-ए-सरमदी

न नियाज़े-बन्दगी हूँ न ग़ुरूर-ए-ख़्वाजगी हूँ
दिल ओ दर्दे- दिल सलामत मैं सुरूर-ए-सरमदी हूँ

– जिगर बरेलवी

नाशाद कानपुरी

एम. ए.

लिप्यान्तरण एवं सम्पादन

एस. एम. निगम

GYAN

सुरूर-ए-सरमदी

ISBN : 978-81-212-1710-1 (PB)

भारत में सन् 2019 में प्रकाशित
ज्ञान पब्लिशिंग हाऊस,
5, अंसारी रोड, दरियागंज,
नई दिल्ली-110002
Phone : 9811692060
ई-मेल: books@gyanbooks.com

मुद्रित: जी. प्रिंट प्रोसेस, दिल्ली

जनाब असलम फरशोरी की कलम से.....

कल किसने देखा है। हर कोई कहता है- आज में जी कर देखो-

हम नहीं जानते कि कल क्या होगा, कल क्या हुआ था, कल को क्यों याद करें और इसी बेकली ने हमको कहीं का नहीं रखा- शायद यही वज़ह है कि हम सब आज में ही जीते हैं और आज ही पर मरते हैं, फिर भी जी नहीं भरता-

वैसे दुनिया यह कहती है जो आज में जीता है वो खूब तरक्क़ी करता है- और यह हमने देखा भी है। लेकिन पिछले दिनों हमने एक शख्श को माज़ी[1] के शानदार सुनहरे पन्नों को जिस खूबसूरती के साथ उलटते और पलटते देखा, जिसके सबब हमें उस शानदार कल से मुहब्बत हो गयी- जिसने हमें बताया बल्कि सिखाया भी कि गुज़रा हुआ कल अगर शानदार हो तो उससे मुहब्बत लाज़मी है- जनाब एस. एम. निगम साहब ने अपने वालिद हज़रत नाशाद कानपुरी के उर्दू में छपे कलाम को पढ़ने की ख़ातिर जिस मुहब्बत और उल्फ़त का इज़हार किया है वह नाकाबिले यकीन है- मगर यकीन कीजिये, मैंने अपनी आँखों से वह चाहत देखी है- जिसे पढ़ने की खातिर जनाब निगम साहब ने तीन महीने के क़लील[2] अरसे में उर्दू सीखी, उसे अपनाया, और अपने वालिद के लिखे मजमुए कलाम

1. अतीत 2. अल्प, थोड़ा

सुरूर-ए-सरमदी को हिंदी में छापने की तैय्यारी शुरू की ताकि हिन्दुस्तान के इस अज़ीम शायर नाशाद कानपुरी को सारा मुल्क पढ़ भी सके और जाने भी, कि उन्होंने आज़ादी से पहले किस ख़ूबसूरत अंदाज़ में शेरो शायरी के इस मुश्किल फ़न को न सिर्फ अपनाया बल्कि उस दौर के अंदाज़े फ़िक्र को भी इज़हार[1] किया।

हज़रत नाशाद कानपुरी ने अपनी शायरी में अल्फ़ाज़ के ख़ूबसूरत पैराहन[2] का जो हसीन इस्तेमाल किया वह उनकी शायरी के अरूज़[3] का अज़ीम-तरीन[4] इम्तियाज़[5] है। शेर कहना वैसे आसान काम नहीं क्योंकि किसी भी शायर से शेर उसी वक़्त सरज़द[6] होता है जब वह किसी बात से मुताअस्सिर[7] होता है या फिर उसकी आँखों के आगे का मन्ज़र उसके दिल-ओ-दिमाग को मुताअस्सिर करता हो या फिर वह किसी बात को क़ारी[8] तक पहुँचाना चाहता हो जिसने उसे झंझोड़ा हो- यही बात मैंने हज़रते नाशाद के कलाम में कई बार महसूस की जिससे उनके इज़हारे शायरी की ताक़त, शेरी फ़िक्र, उस दौर के हालात, अदबी उतार चढ़ाव और साथ ही दीगर लिखने वालों की सोच समझ का पता चलता है- नाशाद साहब ने महबूब की क़ुर्बत[9] और दूरी दोनों की तर्जुमानी अपने अशार में बेहतरीन अंदाज़ में की है- साथ ही अपनी शायरी में हालाते हाज़िरा[10] का ज़िक्र किया है जो काबिले तारीफ़ है क्यूंकि शायर अपने अशआर में अपने दिल की तर्जुमानी करता है लेकिन हजरत नाशाद ने आम आदमी की सोच को अपने यहाँ जगह दी- उनके मजमुए कलाम को पढ़कर यह शेर दिमाग में आता है-

मत सहल हमें जानो फिरता है फ़लक बरसों
तब ख़ाक के परदे से इंसान निकलता है

वाकई सुरूर-ए-सरमदी को पढ़कर अदब का सुरूर दिलो दिमाग पर हावी हो जाता है- उन्होंने गज़ल को बड़ी पाकीज़गी और सुरूरियत बक्शी

---

1. प्रकट करना 2. वस्त्र 3. काव्यशास्त्र 4. बहुत महान 5. सिरमौर 6. घटित होना, 7. प्रभावित 8. पाठक 9. सामीप्य 10. तत्कालीन समाज

है– इस किस्म की पाकीज़गी शायर के किरदार[1] को बुलंद करती है। मोहतरम नाशाद साहब इस सिफ़त में कामयाब हैं और अपने शायरी के हुनर में यक्ता[2] हैं।

अपने वालिद की ख्वाहिश को पूरा करने और उर्दू जुबान ओ अदब से उनके बेपनाह लगाव और प्यार को देखते हुए मैं निगम साहब को नाशाद साहब की शायरी की इस किताब पर दिली मुबारकबाद देता हूँ और दुआ करता हूँ कि यह किताब जहाँ पहुंचे लोगों के दिलों में अपना मकाम बनाये।

– असलम फरशोरी

हैदराबाद

(जनाब असलम फर्शोरी उर्दू जगत की एक जानी मानी हस्ती हैं। ई.टी.वी. उर्दू के वो हेड रह चुके हैं और अब मौलाना आज़ाद उर्दू यूनिवर्सिटी के मास कम्यूनिकेशन्स विभाग में आर्ट और ड्रामा के विजिटिंग प्रोफेसर हैं। वह फाइन आर्ट्स अकादमी ऑफ़ आंध्र प्रदेश के प्रेसिडेंट भी हैं।)

---

1. व्यक्तित्व 2. अद्वितीय

यादों के झरोखों से

मेरे पिता जिन्हें हम सब भाई बहन 'बाबू जी' कह कर बुलाते थे, उर्दू साहित्य जगत में 'नाशाद कानपुरी' के नाम से जाने जाते थे। उनका नाम श्रीधर प्रसाद निगम था। हम चार भाइयों और एक बहन में मैं सबसे छोटा था। बचपन में ही घर में उर्दू शायरी का एक माहौल देखा था। घर में ही अक्सर बैठक में महफ़िल का आयोजन होता और सब भाई उसके इंतज़ाम में रहते। मेरी माँ और बड़ी बहन दरवाज़े की ओट से शेर-ओ-शायरी का आनंद लेते। उस समय जाने-अनजाने उर्दू शायरी के प्रति एक लगाव सा हो गया जो सरकारी नौकरी के दौरान कहीं छिपा रह गया पर मरा नहीं।

इस बारे में कुछ और कहने से पहले मैं अपने पिता की जीवन गाथा और परिवार के बारे में कुछ कहना चाहता हूँ।

बाबूजी का जन्म अप्रैल 1908 में एक कायस्थ परिवार में अम्बाला में हुआ था। उनके पिता रायसाहेब गोकरन प्रसाद फ़ौज में कमीशंड अफ़सर थे। परिवार मूलतः कन्नौज (जिला फ़र्रुखाबाद) का रहने वाला था और परिवार में फ़ौज में नौकरी का एक लम्बा इतिहास था। मेरे पिता के बड़े भाई राय साहेब मनोहर प्रसाद भी फ़ौज में कमीशंड अफ़सर थे और उनसे बड़े भाई मुंशी गजाधर प्रसाद भी फ़ौज में थे पर वो युवावस्था में ही चल बसे थे। बाबूजी के छोटे भाई लक्ष्मीधर प्रसाद भी फ़ौज में थे, मुझे उनकी खूब याद है। वो एक बेहद दिलचस्प इंसान थे जिनके अन्दर एडवेंचर की जबरदस्त स्पिरिट थी। यदि कोई उपन्यासकार उनके जीवन के बारे में लिखे तो बड़ी रोचक कथा हो। क्योंकि उनके कोई संतान नहीं थी, जीवन के अंतिम वर्षों में मेरी माँ उन्हें हमारे घर ले आयीं थीं और यहीं उनका अंतिम

समय बीता था। वो अक्सर अपने किस्से सुनाते थे। उन्होंने आज़ादी के समय कश्मीर ऑपरेशन में भाग लिया था।

फ़ौजी जीवन के साथ परिवार का नाता यहीं तक सीमित नहीं था। शायद सब से पहले सन् 1840 में हमारे पिता के दादा मुंशी तुलजा प्रसाद के दादा मुंशी दुर्गा प्रसाद ने अंग्रेजी फ़ौज की आठवीं कैवेलरी में नौकरी करी थी। उनके बाद उनके पुत्र मुंशी कालका प्रसाद और फिर उनके बेटे मुंशी तुलजा प्रसाद भी फ़ौज में ही थे। Lt. Col. R.E. Chaplin, Officer Commanding 8th cavalry द्वारा लिखे गए एक प्रशस्ति पत्र जो 23 दिसम्बर 1918 को लिखा गया था, से पता लगता है कि हमारे पिता के चाचा नागेशर प्रसाद भी फ़ौज में थे और हमारे दादा के साथ उन्होंने Chitral Campaign में भाग लिया था। उस समय वो आठवीं कैवेलरी में थे। इसमें दिखाई गयी वीरता के लिये हमारे दादा मुंशी गोकरन प्रसाद को 1 नवम्बर सन् 1920 को जंगी मैडल दिया गया जिसके साथ दो पुश्तों तक चलने वाला एक जंगी इनाम भी था जो कि पांच रुपये माह था। मेरे विचार में सन् 1920 में यह एक बड़ी रकम रही होगी। मुझे याद पड़ता है कि यह इनाम हमारे ताऊ जी के बड़े पुत्र के जीवन काल तक मिलता रहा था। बाद में 7 जून सन् 1929 को बाबूजी के पिता को राय साहेब का खिताब भी मिला।

परिवार में उपलब्ध कागजों से पता चलता है कि करीब 250 वर्ष पूर्व हमारे पूर्वज कन्नौज छोड़ कर कानपुर आ बसे थे और यहीं पर जायजाद खरीद ली थी। बचपन में कभी बाबूजी के साथ एक बार काकादेव मोहल्ले में जाना हुआ था तब बाबूजी ने एक मंदिर दिखाया था कि वो हमारा पारिवारिक मंदिर था। पता नहीं अब वो है भी या नहीं।

फ़ौजी सिलसिले के बावजूद परिवार में साहित्य और पठन पाठन का माहौल था, बाबूजी के दादा मुंशी तुलजा प्रसाद फ़ारसी के शायर

थे और उनकी कविताओं का एक संकलन परिवार में था जो कभी आग लगने से नष्ट हो गया। वो यूनानी चिकित्सा में प्रवीण थे और गरीबों का मुफ्त इलाज करते थे। इस विषय में उन्होंने कई किताबें भी लिखीं। आज जब मैं अपने परिवार को देखता हूँ तो लगता है कि ज्ञानार्जन की यह प्रवृत्ति हम सब भाई बहन को और उनके बच्चों को अपने पूर्वजों से ही मिली है।

बाबूजी ने आरम्भिक शिक्षा अपने पिता से ही पायी थी। बाद में पांचवें दर्जे में महबूब कॉलेज, सिकंदराबाद में दाख़िल हुए और वहीं से हाई स्कूल की परीक्षा पास की। इंटरमीडिएट की परीक्षा 1927 में निज़ाम कॉलेज, हैदराबाद से पास की। दोनों ही परीक्षाओं में उन्होंने उर्दू में विशेष प्रवीणता प्राप्त की। कई बार मेरा मन हुआ कि मैं इन दोनों शिक्षा के मंदिरों को देखने जाऊं, कार में इनके सामने से गुजरा भी पर फिर जाने क्यों मैं गया नहीं। इस विरोधाभास का कारण क्या है, पता नहीं। शायद ये लगा हो कि उन इमारतों में क्या मैं अपने बाबूजी के अतीत को खोज पाऊँगा।

इसके बाद बाबूजी अपने घर कानपुर चले आये और यहीं से सन् 1929 में डी. ए. वी. कॉलेज से बी. ए. और फिर सन् 1931 में एस. डी. कॉलेज से अंग्रेजी साहित्य में एम. ए. की डिग्री हासिल की। सन् 1931 में जब वो मेरठ कॉलेज में एल एल बी. की पढ़ाई कर रहे थे, उनके पिता का देहांत हो गया और मजबूरन उनको पढ़ाई छोड़कर नायब तहसीलदार की नौकरी करनी पड़ी। पहली पोस्टिंग कानपुर की ही घाटमपुर तहसील में हुई।

सन् 1937 में मेरे पिता का विवाह हो गया। मेरी माँ का नाम ज्ञानवती था, हम सब उन्हें माताजी कहते थे। मेरी माँ के पिता विष्णु स्वरुप निगम कचहरी में पेशकार थे और माँ राजदेई एक बड़ी कर्मठ महिला थीं। मेरे नाना तो कम आयु में ही चल बसे थे पर नानी ने

मेरी माँ और उनकी तीन छोटी बहनों को बहुत अच्छे से पाला। दुनिया में शायद ही कोई ऐसा हो जो अपनी माँ को प्यार न करता हो पर माताजी को हम ही नहीं, सब लोग बहुत चाहते थे। वो कभी किसी पर क्रोध नहीं करती थीं। कभी-कभी मुझे लगता है जैसे ये लोग किसी और ही युग के लोग थे। बाबूजी के असामयिक निधन के बाद मेरी माँ ने पूरे परिवार को कैसे चलाया वो हम लोग ही जानते हैं।

बाबूजी का स्वभाव ऐसा था कि वो झूठ और बनावटी लोगों को बिल्कुल पसंद नहीं करते थे और उनसे दूर रहना ही पसंद करते थे चाहे इससे उन्हें कितना भी नुकसान क्यों न हो। सन् 1960 में हालांकि मैं कोई 6 वर्ष का था पर मुझे खूब याद है कि हम लोग गोंडा जिले में होते थे बाबूजी वहां एस डी एम के पद पर थे। एक दिन बाबूजी देर से घर आये और आते ही मेरी माँ को बताया कि हम लोग सामान समेत अपने घर कानपुर जा रहे थे, ट्रान्सफर पर नहीं बल्कि छुट्टी पर। मुझे उस प्रकरण की सिर्फ ये बात याद है कि हम लोगों का सामान जिस ट्रक पर था उसे घाघरा नदी पार करने के लिये नावों का सहारा लेना पड़ा था। बाल सुलभ मन तो ऐसी ही बातों को याद रखता है। थोड़ा बड़े होने पर पता लगा कि वहां इलेक्शन में कुछ इधर-उधर करने के लिये दबाव था जो उन्हें मंजूर न था। बाद में वहां पर जो अधिकारी थे उनमें से कई सस्पेन्ड हुए और उनके खिलाफ मामले चले।

नौकरी में बाबूजी की पोस्टिंग कई जगहों पर रही जैसे करछना, बाराबंकी, मथुरा, फतेहपुर, बरेली फैजाबाद, कानपुर, बलरामपुर, गोंडा उन्नाव वगैरह। सन् 1945 में वो पदोन्नत हो कर डिप्टी कलेक्टर हो गए थे और इसी पद से सन् 1964 में कानपुर से उनका रिटायरमेंट हुआ। मैं कोई लेखक तो हूँ नहीं इसलिए बातों का तारतम्य छूट जाता है। मुझे याद है कि पहले बाबूजी बहुत सिगरेट पीते थे, ज्यादातर चारमीनार। बाद में उन्होंने सिगरेट छोड़ दी थी पर हुक्का बरकरार था।

लखनऊ के असगर अली मोहम्मद अली की दुकान से तम्बाकू और खमीरा आता था और मैं और मुझसे बड़े भाई मोहन भैया के जिम्मे चिलम ताजा करने का काम होता था। डायबिटीज और हार्ट ट्रबल की वजह से उनका स्वास्थ्य काफी खराब रहता था। उनका समय ज्यादातर किताबें पढ़ने में बीतता। या तो वो अपने पलंग पर ही पढ़ाई करते या फिर आराम कुर्सी पर बाहर वरांडे या लॉन में बैठ कर। अंग्रेजी और उर्दू की इतनी किताबें घर पर थीं कि एक कमरा जिसे हम लोग ऑफिस कहते थे, लाइब्रेरी बना हुआ था।

बाबूजी अक्सर हम भाइयों से अलमारी से किताबें निकलवाते। अंग्रेजी की किताबें निकालना तो आसान था पर उर्दू पढ़ना तो हम में से किसी को भी नहीं आता था। कभी-कभी मैं सोचता हूँ कि क्या बाबूजी ने कभी हम में से किसी एक को भी उर्दू को भाषा के रूप में सिखाने के बारे में सोचा होगा। खैर, इस मुश्किल का इलाज भी यूँ निकाला गया। उर्दू की किताबों पर कवर चढ़ा दिये गए और कैलेंडर की तारीखों को काट कर किताबों की पुश्त पर नंबर डाल दिये गए। नम्बरवार किताबों की लिस्ट बाबूजी की डायरी में थी और अलमारी से किताबें निकालना बहुत आसान हो गया।

ज्ञानार्जन की जो प्रवृत्ति परिवार में थी वो हम सब भाई बहनों को विरासत में मिली थी। मेरे सब से बड़े भाई ज्ञान प्रकाश निगम मेरी दृष्टि में एक जीनियस ही थे। वैसे तो वह साइकोलॉजी के प्रोफेसर थे पर उनको पढ़ने का ऐसा शौक था कि किसी भी विषय पर वो अधिकारपूर्वक बात कर सकते थे। अब वो नहीं हैं और हम सब उनकी कमी महसूस करते हैं। मेरी बहन तारा श्रीवास्तव ने हिंदी साहित्य में पी. एच. डी. करी और वो हिंदी साहित्य की प्रोफेसर रहीं और बाद में आचार्य नरेन्द्र देव कॉलेज, कानपुर की प्रिंसिपल के पद से रिटायर हुईं। उनसे छोटे भाई श्रीप्रकाश निगम शुरू में खेल कूद में ज्यादा रहते थे पर जब उन्होंने पढ़ाई की तरफ ध्यान दिया तो

साइकोलॉजी में फर्स्ट क्लास में एम. ए. किया और वो भी साइकोलॉजी के प्रोफेसर हो गए। अब वो रिटायरमेंट के बाद रायबरेली में रहते हैं और बागवानी के शौक का ये आलम है कि उनका घर इलाके में फूलों वाले घर के नाम से मशहूर है। उनसे छोटे भाई मोहन मुरारी निगम स्टेट बैंक में अधिकारी थे, अब रिटायर हो चुके हैं और कानपुर में हमारे पुश्तैनी घर में दिया जलाते हैं। वो मुझ से दो साल बड़े हैं, हम एक ही स्कूल में पढ़ते थे। अपनी साइकिल पर बैठा अक्सर वो मुझे स्कूल भी ले जाते थे। वो अब भी सबका बड़ा ख्याल रखते हैं।

हमारे घर में हमेशा किताबें ही किताबें रहतीं, बड़े भाई साहेब कितने ही विषयों पर किताबें लाते, उधर जिज्जी (बड़ी बहन) साहित्य की किताबें पढ़ती रहतीं और हम लोग उनमें से कुछ-कुछ पढ़ते रहते। अक्सर किसी भी विषय पर घंटों गर्मा गर्म चर्चा होती थी जो खत्म ही नहीं होती थी। कई बार मेरी माँ को कहना पड़ता कि पहले खाना खा लो फिर बहस कर लेना।

बाबूजी के एक अभिन्न मित्र मुर्तजा हुसैन साहब थे जो पेशे से सिविल इंजिनियर थे और कानपुर के चमन गंज इलाके में रहते थे। बाबूजी अक्सर शाम को उनके यहाँ जाते थे और वहां भी शेर ओ शायरी की चर्चा रहती थी। स्वास्थ्य ठीक न होने के कारण अक्सर मैं या मोहन भैया उनके साथ जाते थे। उनके इन दोस्तों में मुझे सिर्फ मुर्तजा हुसैन साहब और श्री प्यारे लाल श्रीवास्तव 'बेखबर' की याद है। सन् 1968 में 'बेखबर' साहब के अचानक गुजर जाने पर बाबूजी उनके घर मातमपुर्सी के लिए गए और जब 'बेखबर' साहब की पत्नी ने अपनी बेटी के विवाह की चिंता का जिक्र किया तो बाबूजी ने हमारे बड़े भाई साहेब ज्ञान प्रकाश जी के साथ रिश्ते का प्रस्ताव रख दिया। कुछ ही दिनों में बिना किसी बड़े दिखावे के भाई साहेब की शादी हो गयी।

बाबूजी की कविताओं का पहला संग्रह कैफ-ए-सरमदी सन् 1952 ई. में लखनऊ से छपा था। सन् 1968 ई. में दूसरे काव्य संग्रह के छपने का काम शुरू हुआ। उस समय उर्दू की छपाई टाइपराइटर या टाइप सेटिंग से नहीं होती थी। कातिब बड़े-बड़े पीले रंग के प्लास्टिक जैसे कागजों पर हाथ से लिखते थे और उन्हीं हस्त लिखित कागजों से छपाई होती थी। यह लिखने का काम घर पर ही हुआ था। सुरूर ए सरमदी को उत्तर प्रदेश सरकार ने पुरस्कृत भी किया था। जो कुछ कागजात घर में अभी तक बचे हुए हैं उस में अखबार की एक प्रति भी मिली जिसमें इस पुरस्कार के बारे में समाचार छपा था।

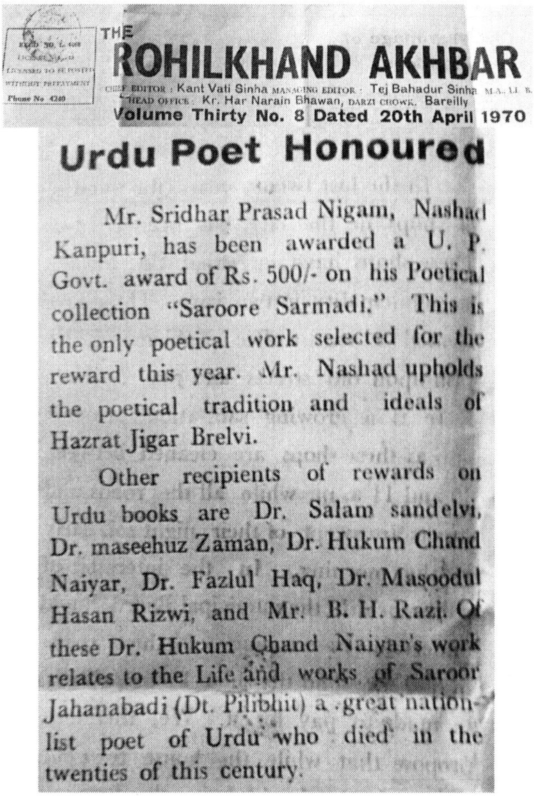
THE ROHILKHAND AKHBAR

CHIEF EDITOR : Kant Vati Sinha MANAGING EDITOR : Tej Bahadur Sinha M.A., LL.B.
HEAD OFFICE : Kr. Har Narain Bhawan, DARZI CHOWK, Bareilly
Volume Thirty No. 8 Dated 20th April 1970

Urdu Poet Honoured

Mr. Sridhar Prasad Nigam, Nashad Kanpuri, has been awarded a U. P. Govt. award of Rs. 500/- on his Poetical collection "Saroore Sarmadi." This is the only poetical work selected for the reward this year. Mr. Nashad upholds the poetical tradition and ideals of Hazrat Jigar Brelvi.

Other recipients of rewards on Urdu books are Dr. Salam sandelvi, Dr. maseehuz Zaman, Dr. Hukum Chand Naiyar, Dr. Fazlul Haq, Dr. Masoodul Hasan Rizwi, and Mr. B. H. Razi. Of these Dr. Hukum Chand Naiyar's work relates to the Life and works of Saroor Jahanabadi (Dt. Pilibhit) a great nationlist poet of Urdu who died in the twenties of this century.

5 दिसम्बर 1970 को बाबूजी हम लोगों को छोड़ कर चले गए। उस समय मैं बी.एससी. कर रहा था। मुझ से बड़े भाई मोहन भैया और उनसे बड़े गोपाल भैया (श्रीप्रकाश) भी पढ़ ही रहे थे। बड़े भाई साहेब डी. ए. वी. कॉलेज कानपुर में मनोविज्ञान के प्रवक्ता थे और तारा जिज्जी आचार्य नरेन्द्र देव कॉलेज में हिंदी के लेक्चरर के रूप में कार्य कर रही थीं।

समय के साथ हम सब लोगों ने पढ़ाई पूरी कर ली, गोपाल भैया रायबरेली में मनोविज्ञान के प्रवक्ता हो गए। मोहन भैया ने स्टेट बैंक में नौकरी कर ली और मैंने भारतीय राजस्व सेवा (IRS) ज्वाइन कर ली। सभी का विवाह हो गया और हमारा परिवार पहले से बड़ा हो गया। परिवार से जो संस्कार हमें मिले थे वो जाने अनजाने सभी बच्चों ने सहज ही पा लिए। बड़े भाई साहेब के बेटे निशिकांत ने IIT, Kanpur से बी टेक किया और अब बैंगलोर में एक मल्टी नेशनल कंपनी में शीर्ष पद पर है। उसकी पत्नी स्वाती उसके छोटे से परिवार की धुरी है। निशिकांत की छोटी बहन पारुल ने मनोविज्ञान में एम. ए. किया और विवाह के बाद अपने पति नवीन के साथ अब ऑस्ट्रेलिया में है। तारा जिज्जी के दोनों बेटे सिद्धार्थ और सत्यार्थ MBA करने के बाद अच्छी नौकरियों में हैं। सिद्धार्थ की पत्नी पूजा सब बच्चों से बहुत घुली मिली है। गोपाल भैया की बड़ी बेटी चारु अब अपने पति रितेश के साथ लन्दन में रहती है। छोटी बेटी ऋचा दिल्ली में कार्यरत है जहाँ उसके पति मनीष भी हैं। मोहन भैया का बेटा मनीष (मनु) IIT Roorkee से बी. टेक. करने के बाद एक मल्टी नेशनल कंपनी में गुड़गाँव में कार्यरत है। उसकी पत्नी अंकिता भी एक कंसल्टिंग फर्म में कार्य करती है। मनु की छोटी बहन मीनाक्षी (मिनी) एक tech कंपनी में काम कर रही है और मुंबई में अपने पति देबाशीष के साथ रहती है। मेरा बेटा आनंद और उसकी पत्नी

वाणी दोनों सिंगापुर में नौकरी करते हैं। दोनों ही NTU Singapore से बी. टेक. और IIM Calcutta से MBA हैं। ये सब बच्चे ही हमारे परिवार की असली पूँजी हैं।

बाबूजी की इतनी बड़ी लाइब्रेरी थी पर घर में उर्दू पढ़ना किसी को भी नहीं आता था। मैंने उर्दू सीखने की एक कमजोर सी कोशिश की जरूर थी पर कॉलेज की पढ़ाई और शतरंज के शौक में यह कोशिश कहीं खो कर रह गयी। इसके बाद फिर कभी वक्त ही नहीं मिला। सन् 2007 में मैं और मेरी पत्नी नीना जो खुद भी आई. आर. एस. अधिकारी हैं, डेप्यूटेशन पर बोत्सवाना चले गए। सन् 2008 में माताजी का साया भी हमारे परिवार पर से उठ गया। उसी समय से मेरे मन में ये विचार जोर पकड़ने लगा कि मैं बाबूजी की गजलों को पढ़ूँ और हो सके तो इसको देवनागरी में छपवाऊँ पर अफ्रीका में रह कर ऐसा कुछ संभव नहीं था। वहां तीन वर्ष कार्य करने के बाद सन् 2011 में जब हमारी कलकत्ता में पोस्टिंग हुई तो एक दिन मैं नेशनल लाइब्रेरी देखने गया। बड़ी अजीब बात है कि नेशनल लाइब्रेरी में किताबों की रैक तक जाने की इजाजत नहीं है। निराश मन से मैं यूँ ही कैटेलाग देखने लगा और कौतूहल वश लेखकों में बाबूजी का नाम ढूँढने लगा। सुःखद आश्चर्य! नाशाद कानपुरी का पहला काव्य संग्रह 'कैफ-ए-सरमदी' लाइब्रेरी में उपलब्ध था। इस किताब की कोई भी प्रति हमारे परिवार में नहीं थी और बड़ी कोशिशों के बाद भी मैं इसे तलाश नहीं पाया था। किताब की फोटों कॉपी कराना बड़ा मुश्किल साबित हुआ, कुछ समय के लिए किताब कहीं गुम भी हो गयी पर आखिरकार ये काम तो हो गया। क्योंकि मुझे उर्दू पढ़ना नहीं आता था बात यहाँ आकर फिर रुक गयी।

नौकरी से सन् 2015 में अवकाश मिलने के बाद इस बारे में कुछ गंभीरता से सोचना शुरू किया पर किया कुछ भी नहीं। इस

बीच बाबूजी की लाइब्रेरी की अधिकांश किताबें इधर-उधर हो गयीं, शायद कुछ किसी लाइब्रेरी में दे दी गयीं। 'सुरूर-ए-सरमदी' की कुछ प्रतियां जरूर मिल गयीं। सन् 1972 में बाबूजी के व्यक्तित्व और साहित्य पर सैयद लतीफ हुसैन 'अदीब' ने एक किताब भी लिखी थी जिसको उत्तर प्रदेश उर्दू अकादमी के द्वारा पुरस्कृत किया गया था। इसकी भी एक प्रति मिल गयी। सन् 2016 में मेरी पत्नी की पोस्टिंग हैदराबाद हो गयी और घर मिल जाने पर सन् 2017 फरवरी में मैं भी हैदराबाद पहुँच गया। पहले तो मैं किसी ऐसे व्यक्ति की तलाश में रहा जो 'कैफ-ए-सरमदी' को देवनागरी लिपि में लिख दे। 'सुरूर-ए-सरमदी' के बारे में अभी कुछ सोचा नहीं था। मैं डॉ. अस्मा जबीं का बहुत अहसानमंद हूँ जिन्होंने इस काम को कुछ आगे बढ़ाया। मुझे ऐसा लग रहा था कि इसमें गलतियां थीं। कुछ समझ में नहीं आ रहा था कि अब क्या किया जाये।

फिर तय किया कि मैं खुद उर्दू पढ़ना सीखूंगा और मैंने 'मुंसिफ' नाम का अखबार लगा लिया। शुरू में तो कुछ मुश्किल लगा मगर फिर मजा आने लगा और लगने लगा कि ये हो सकता है। इस बीच उर्दू के किसी अच्छे जानकार की मेरी तलाश जारी थी। कुछ दिनों बाद मेरी पहचान श्री असलम फर्शोरी जी से हुई। फर्शोरी जी उर्दू साहित्य की एक जानी मानी हस्ती हैं। वो एक शायर और लेखक ही नहीं हैं, ETV Urdu के वो हेड रह चुके हैं, श्याम बेनेगल जैसे प्रसिद्ध फिल्म निर्देशक के असिस्टेंट के रूप में भी वो कार्य कर चुके हैं। 'मंडी' और 'अंकुर' जैसी कला फिल्मों में वो अभिनय कर चुके हैं। आंध्र प्रदेश की Fine Arts Academy के अध्यक्ष रह चुके फर्शोरी जी compere के रूप में मुशायरों की जान हैं।

वह दो तीन बार मेरे घर आये और उनकी मदद से मैंने बहुत सी त्रुटियों को ठीक कर लिया। मगर अभी तो आधा काम भी नहीं हुआ

था। मैंने फर्शोरी जी से कहा कि अब मैं थोड़े समय के बाद उनसे संपर्क करूंगा, इरादा ये था कि उर्दू पढ़ना सीख लूं और बाकी का काम पूरा कर लूं तब उनसे बात करूँ। अगले दो महीने कैसे गुजर गए पता भी नहीं लगा क्योंकि जब कुछ करने की धुन हो तो और कुछ नहीं दिखता। 'सुरूर-ए-सरमदी' को पढ़ने पर पता लगा कि 'कैफ-ए-सरमदी' की सभी गजलें 'सुरूर-ए-सरमदी' में शामिल हैं। उर्दू पढ़ना तो कुछ-कुछ आ गया पर अब समस्या टाइप करने की थी। पहले एक दो पेज हाथ से लिख कर किसी को दिए कि वो टाइप कर दें पर एक तो उस में त्रुटियाँ बहुत थीं और फिर उसमें समय भी बहुत लग रहा था। मैंने सोचा कि चलो इसी बहाने हिंदी टाइपिंग भी सीख ली जाये। आरम्भ में तो थोड़ी दिक्कत लगी पर फिर आसान हो गया। अगले दो महीनों में पूरी किताब को देवनागरी में टाइप कर लेने के बाद मैंने उर्दू के कठिन शब्दों के अर्थ फुटनोट के रूप में देने का काम प्रारम्भ किया। ये काम कुछ आसान नहीं था। पहले तो दो उर्दू-हिंदी शब्दकोश ही थे पर बाद में दो और मिल गए और कई बार rekhta.com की ऑन लाइन डिक्शनरी से भी मदद मिली।

करीब दो तीन महीने बाद मैंने फिर से फर्शोरी जी से मदद मांगी। फर्शोरी जी ने न सिर्फ त्रुटियों को ठीक किया बल्कि उन्होंने मुझे बड़ा प्रोत्साहन दिया कि मैं इस काम को पूरा कर सकूं। कुछ दिनों की लगातार मेहनत के बाद यह काम भी पूरा हो गया। 'सुरूर-ए-सरमदी' के छपने के समय हजरत अफ़कर मोहानी वारसी साहब ने बाबूजी की बड़ी मदद की थी और तब अर्जे-नियाज (प्रस्तावना) में बाबूजी ने उनका आभार प्रकट करते हुए लिखा था *'आह ---- लोग ऐसे कहाँ मुहब्बत के!'*

बाबूजी! ऐसे लोग आज भी हैं वर्ना फर्शोरी जी कहाँ मिलते। मैं उनका बहुत-बहुत आभारी हूँ।

कुछ ही दिन पहले इन्टरनेट पर 'कैफ-ए-सरमदी', 'सुरूर-ए-सरमदी' और 'अदीब' साहब द्वारा लिखी गयी किताब 'नाशाद कानपुरी - फन और शख्शियत' का उर्दू संस्करण देख कर बड़ा सुखद आश्चर्य हुआ। कश्मीर यूनिवर्सिटी की लाइब्रेरी में यह किताबें थीं और लाइब्रेरी के digitization का परिणाम है कि अब यह उर्दू में उपलब्ध हैं।

अब इस संकलन के देवनागरी में छपने का समय आ गया है। मेरे हैदराबाद प्रवास में यह काम हुआ शायद इसमें भी नियति का कुछ संकेत है। बाबूजी ने हैदराबाद से हाई स्कूल और इंटरमीडिएट की पढ़ाई की थी और उर्दू में विशेष प्रवीणता प्राप्त की थी तो फिर यह काम और कहीं कैसे हो सकता था।

देवनागरी में छप रहा यह संकलन बाबूजी और माताजी को मेरी श्रद्धांजलि है और अगली पीढ़ी को परिवार की इस साहित्यिक धरोहर की भेंट!

मुझे विश्वास है कि साहित्य के रसिक गण और पारखी दोनों ही इस संकलन का आनंद लेंगे।

जयपुर **- श्याम मुरारी निगम**

मई, 2019

अनुक्रमणिका

अर्ज़े नियाज़

मेरा पहला मज्मुआ-ए-कलाम[1] 'कैफ़-ए-सरमदी' 1952 ई. में छपा था मशाहीर शुअरा[2] और मुम्ताज़ उदबा[3] ने मेरी बड़ी हिम्मत अफ्ज़ाई फ़र्माई जिन के नामे नामी और इक्तिबासात[4] जनाब मधुर बिहारी लाल श्रीवास्तव तल्ख़ फतेहपूरी के मक़ाला[5] में दर्ज हैं। बाज़ तब्सिरे[6] मुझे नहीं मिले, वो मेरे अज़ीज़ बाबू देवी प्रसाद निगम के पते से, जिन का पता कैफ़-ए-सरमदी में दर्ज था- भेजे गए और उन्हीं की नज़र हो गए।

बहरहाल मैं उन सब का फ़र्दन-फ़र्दन[7] तहे दिल से शुक्र गुज़ार हूँ। पहला मजमुआ हाथों-हाथ ख़त्म हो गया और पब्लिशर ने अहले-ज़ौक़[8] के तक़ाज़ों से मजबूर हो कर दूसरा एडिशन छपवाने की इजाज़त चाही। मैं यही सोच कर टालता रहा कि कुछ ताज़ा कलाम और हो जाए तो उसे भी उस में शामिल कर दिया जाए। जब उसकी नौबत आई तो मैं इशाअत[9] वगैरा की दर्द सरी मोल लेने के क़ाबिल ना रहा। तंदुरुस्ती जवाब दे चुकी है। इस हालत में हज़रत अफ़कर मोहानी वारसी के ख़ुलूस[10] ने बड़ा सहारा दिया, साहबे-मौसूफ़[11] ने अपने असरात से ये काम लखनऊ में शुरू कर दिया। यही नहीं बल्कि उन्होंने मेरे कलाम पर एक जामा-ए-मुकम्मिल[12] और आलिमाना

---

1. कविताओं का संकलन 2. नामवर शायर 3. प्रतिष्ठित साहित्यकार 4. किसी लेख के अंश जो उद्धृत किये गए हों 5. लेख 6. समीक्षाएँ 7. हर एक का 8. काव्य प्रेमियों 9. छपवाना 10. निश्छलता 11. प्रशंसनीय व्यक्ति 12. सम्पूर्ण

तब्सिरा[1] भी तहरीर फ़र्माया। ये उनकी मज़ीद शफ़क़ते बुज़ुर्गाना[2] और खुलूस नहीं तो और क्या है? *आह ---- लोग ऐसे कहाँ मुहब्बत के!*

काश दूसरे अहबाब[3] भी उन से सबक़ हासिल करते। डॉक्टर नूर उल हसन हाशमी, सदर शोबा-ए-उर्दू, लखनऊ यूनिवर्सिटी ने अपनी ग़ैर मामूली मसरूफियत के बावजूद एक बशीरत अफ़रोज़ मकाला तहरीर फरमा कर मुझे अपना मरहूने मिन्नत बना लिया। यही हाल जनाब मधुर बिहारी लाल श्रीवास्तव का है।

बयाज़[4] की नक़ल में बाबू प्यारे लाल 'बेख़बर' ने बड़ी मदद फरमाई। मेरे अज़ीज़ दोस्त जनाब सैय्यद अली अख्तर रिज़्वी, आई.ए. एस. और मेरे करम फरमा जनाब वी. पी. गुप्ता 'शबाब' देहलवी, रीजनल लेबर कमिश्नर ने इस मजमुए की इशाअत में मेरी बड़ी हौसला अफ्ज़ाई फरमाई, मैं उन सब का शुक्रगुज़ार और एहसानमंद हूँ।

नाशुक्री और एहसान फरामोशी होगी अगर उस्ताज़ी हज़रत श्याम मोहन लाल जिगर बरेलवी का ज़िक्र ना करूँ, मैं उनका तरबियत याफ्ता हूँ, वो मुझे बड़े खुलूस व मुहब्बत से बहुत कुछ सिखाते, समझाते और गलतियों से आगाह करते और शायरी के रुमूज़-ओ-निकात[5] बताते रहे हैं। मैं जो कुछ आज हूँ वो उनके फैज़े-सोहबत[6] का असर है-

जमाल ए हमनशीं दर मन असर कर्द
वगरना मन हमाँ खाकम के हस्तम

नाचीज़- नाशाद कानपुरी

---

1. विद्वतापूर्ण समीक्षा 2. एक बुजुर्ग की आत्मीयता 3. मित्र गण 4. कविता की हस्तलिखित कापी 5. सूक्ष्म भेद 6. सान्निधय का यश

मक़ालात[1]

(जनाब मधुर बिहारी लाल श्रीवास्तव, तल्ख़ फतहपूरी, एम.ए.)

नाशाद साहब का पहला मजमुआ ए कलाम 'कैफ़-ए-सरमदी' 1952 ई. में छपा था। यह बहुत मक़बूल हुआ। मुल्क के मुमताज़ शुअरा[2] और मारूफ़ उद्बा[3] और मुदीरान रिसालों[4] ने तब्सिरों[5] और खुतूत[6] के ज़रिए उसे बहुत सराहा। पाकिस्तान दो क़दम आगे रहा और वहाँ के रेडियो ने उस पर ब्रॉड्कास्ट किया। इसकी मक़बूलियत देखकर चंद साल बाद दो गैर मारूफ़शुअरा ने अपने-अपने मजमुए कलाम का नाम "कैफ़ सरमदी" रख दिया। जब नाशाद साहब के चंद अहबाब ने ये बता कर उस पर इज़हार-ए-ख़फगी[7] किया तो उन्होंने कहा उस में ख़फा होने की कौन सी बात है। उन्होंने तो मेरी इज़्ज़त अफ़ज़ाई की है और उनका ये करम क्या कम है के सरे-वर्क[8] पर मेरा तख़ल्लुस नहीं लिखा। 'सुरूर-ए-सरमदी' में 'कैफ़-ए-सरमदी' की गज़लें भी शामिल हैं। अब आप चंद तब्सिरों के इक़्तिबासात[9] मुलाहज़ा फरमाइये जो 'कैफ़-ए-सरमदी' पर हुए हैं।

---

1. लेख, समीक्षाएँ 2. प्रतिष्ठित साहित्यकार 3. प्रसिद्ध साहित्य सेवी 4. पत्रिकाओं के संपादक 5. लेख, 6. पत्र 7. नाराजगी 8. मुखपृष्ठ 9. उद्धृत अंश

(इक़्तिबासात)

हज़रत जिगर बरेलवी

नाशाद साहब ने बडी सलासत[1], सफाई, शाइस्तगी[2], दिलकशी और नुद्रत[3] से ग़ज़लें कही हैं। बड़ा प्यारा उस्लूब[4] है और अपनी जगह निहायत मुमताज़। जो पाकीज़गी आपकी ग़ज़ल में है उसे उर्दू ग़ज़ल में नौवारिद[5] समझना चाहिए। आपका मजमुआ उरूस-ए-शेर[6] के लिए एक नफीस ज़ेवर ही नहीं उसकी सीरत[7] को भी संवारता है।

(माखूज़ अज़[8]- कैफ़-ए-सरमदी)

बैंक रोड, इलाहाबाद, 28 नवम्बर 52

प्रोफेसर फिराक़ गोरखपुरी-

यूं रकम-तराज़[9] हैं --

मुहब्बत नामा और कैफ़-ए-सरमदी दोनों मिले। वाकई बहुत पाकीज़ा, मुहज़्ज़ब[10] और मौअसर कलाम का नमूना कैफ़-ए-सरमदी है। शायराना सलीक़ामंदी हर शेर से टपकती है। ये आवाज़ मेरे दिल की गहराइयों से निकल रही है कि आप का तगज़्ज़ल[11] मुझे अज़हद[12] पसंद है।

जनाब अर्श मल्सियानी

ऐसे बाकमाल शायर का कलाम इतनी मुद्दत तक ज़ेवरे तबा[13] से आरास्ता[14] ना हुआ इसके लिए नाशाद साहब की मतानत[15] और इन्किसार[16] ही ज़िम्मेदार ठहराए जा सकते हैं। ये कलाम जिसे पढ़

---

1. सरल, हल्के-फुल्के सुंदर शब्दों का प्रयोग 2. सभ्य, शिष्ट 3. नवीनता 4. शैली 5. नया 6. शेर रुपी दुल्हन 7. प्रकृति, स्वभाव 8. से उद्धृत 9. लिखते हैं 10. शिष्ट 11. गजल का रंग, गज़लियत 12. बेहद 13. प्रकाशन, छपना 14. आभूषित होना 15. संजीदगी, धैर्य 16. नम्रता, विनय

कर वाकई कैफ़ सरमदी हासिल होता है। आप ने उम्र के सैंतालिसवें (47) साल में शाए[1] फरमाया, ये इस बात की दलील है कि आप का दामन सस्ती शोहरत की हवस से आलूदा नहीं। सिन्फ़-ए-ग़ज़ल[2] की बारीकीयों को आप ने खूब समझा है और ग़ज़ल के मिज़ाज को खूब पाया है। छोटी बहर की ग़ज़लों में बिल-खुसूस[3] आपने बहुत अच्छे शेर निकाले हैं।

ज़बान की बेसाख़्तगी[4] और उस्लूब-ए-बयान[5] की नुद्रत[6] नाशाद साहब के कलाम का तुर्रा-ए-इम्तियाज़[7] है। कितने ही अशआर ज़र्बुलमसल[8] बन जाने की सलाहियत रखते हैं।

----- बाज़ सालिम ग़ज़लें ऐसी हैं कि सहरे हलाल का दर्जा रखती हैं। मौसीक़ी[9] और घुलावट के साथ मानी-आफ़्रीनी[10] का कमाल भी है।

------- नाशाद का मिज़ाज खालिस ग़ज़ल का मिज़ाज है वो दूसरे अस्नाफ़-ए-सुख़न[11] में भी नुमायां है।

- (माखूज़ अज़ रिसाला ए आज-कल,
देहली बाबत फरवरी 55)

मौलाना अब्दुल माजिद दरियाबादी

"रंगे कलाम सब से ज़्यादा हसरत मोहानी से मुतासिर[12] है। हल्का सा सोज़ व दर्द, हल्की सी शोख़ी और तरन्नुम, शगुफ़्तगी[13] और रंगीन बयानी सब पर मुक़द्दम[14]- कहीं कहीं बात ऐसी गहरी और इतने पते की कह जाते हैं के शुबहा मोमिन और गालिब का होने लगता है।

(माखूज़ अज़ सदख जदीद, लखनऊ)
9 जनवरी 1953 ई.

---

1. छपवाना 2. गजल के स्वरूप 3. विशेषकर 4. सहजता 5. शैली 6. नवीनता, 7. सिरमौर 8. कहावत, लोकोक्ति 9. संगीत 10. काव्य में अर्थ का चमत्कार 11. कविता की और विधाएं 12. प्रभावित 13. प्रफुल्लता 14. सबसे पहले या प्रमुखता

अल्लामा नियाज़ फतेहपुरी

जनाब नाशाद हज़रत जिगर बरेलवी के शागिर्द हैं और ख़ूब कहते हैं। कलाम बहुत मंझा हुआ है। साफ़ और आवर्द[1] ओ तक़ल्लुफ़ से पाक़। इसी के साथ जा ब जा अंदाज़े बयान की नुदरत के भी अच्छे नमूने नज़र आते हैं और जज़्बाती हैसियत से काफ़ी बुलंद हैं।

– – – (माखूज़ अज़ 'निगार' बाबत माह दिसम्बर, 1954 ई.)

प्रोफ़ेसर रशीद अहमद सिद्दीक़ी-साबिख़ सदर शोब-ए-उर्दू, अलीगढ़ यूनिवर्सिटी

– – – नाशाद साहब के तास्सुरात पढ़े-लिखे शरीफ़ और ज़हीन आदमी के तास्सुरात हैं जिन को वो ग़ज़ल के अच्छे और मुश्किल साँचों में ढाल सकते हैं। छोटी बहर में अच्छे शेर कहना जितना मुश्किल काम है उतनी ही क़ाबिल-ए-तारीफ़ बात है।

– – – कलाम की ये घुलावट, अंदाज़-ए-बयान की मासूमियत और मुहब्बत की ये सीधी सच्ची बातें मुझे बड़ी दिल-आवेज़[2] मालूम हुईं।

– – – ज़िंदगी के हक़ाइक़[3] बयान करना अपनी बीती सुनाने से अकसर आसान होता है। फ़न और शख़्सियत दोनों को बाहम-दिगर[4] इस तरह पेवस्त रखना कि ये न मालूम हो कि कौन कहाँ ख़त्म हुआ, बड़ा मुश्किल और बड़ा क़ाबिल-ए-क़द्र कारनामा है। नाशाद साहब इसमें कामयाब हुए हैं।

– – – इनके लब ओ लहजे में शाइस्ता[5] तग़ज़्ज़ल[6] का ऐसा रंग मिलता है जो इस दौर में मफ़कूद[7] है।

(माखूज़ अज़ कैफ़े सरमदी)

---

1. वह विचार जो कविता में सोच कर लाया गया हो 2. मनोहारी 3. जिंदगी की सच्चाइयाँ 4. परस्पर, एक साथ 5. श्रेष्ठ, सुसंस्कृत 6. गजल का रंग, गज़लियत 7. दुर्लभ

मारूफ़ आज़मगढ़ी

(शाह मोईनुद्दीन अहमद साहब नदवी यूँ रक़म तराज़ हैं)

हर ज़माने के शोरा के अंबोह में चन्द ही ऐसे निकलते हैं जिन का कलाम दिल ओ दिमाग को अपनी जानिब मुतवज्जह[1] कर सकता है। नाशाद भी इन्ही कमयाब शोरा में हैं। उन्होंने अगरचे मुशायरों और अदबी रिसालों के ज़रिये शोहरत हासिल नहीं की लेकिन उनका कलाम महासिन-ए-शायरी[2] के लिहाज़ से हक़ीकी[3] शायरी कहलाने का मुस्तहक़[4] है। "कैफ़े सरमदी" इन के कलाम का मजमुआ है, इनका कलाम पहली मर्तबा राकिम[5] की नज़र से गुज़रा मगर दो चार गज़लें पढ़ते ही दिमाग़ चौंक पड़ा और ऐसा महसूस हुआ जैसे कोई नयी चीज़ सामने आ गयी और 'कैफ़े सरमदी' के मुतालए[6] के साथ साथ ये तअस्सुर[7] बढ़ता गया।

नाशाद साहब ने ग़ज़ल ही को मौज़ू-ए-सुख़न[8] बनाया है और इस ज़मीन में बड़े दिलकश गुल बूटे खिलाये हैं। उन की ग़ज़लों में तग़ज़्ज़ल[9] की तमाम रंगीनियाँ और उस के सारे जलवे मौजूद हैं। उन्होंने बहरों में बड़ी सुबक हल्की-फुल्की और ज़बान बड़ी नर्म नाज़ुक इख़्तियार की है। इसलिए ज़बान की सादगी ओ सलासत और ख्यालात की नज़ाकत ओ लताफत इन की शायरी का इम्तियाज़ी-वस्फ[10] बन गया है

-(माखूज़ अज़ आरिफ़ आज़मगढ़,
बाबता- माह फरवरी सं 1953 ई.)

---

1. आकर्षित 2. कविता का सौन्दर्य 3. सच्ची 4. योग्य पात्र 5. स्वयं लेखक 6. पूरा पढ़ना 7. प्रभाव 8. कविता का माधयम 9. गजल का रंग, गज़लियत 10. प्रमुख विशेषता या गुण

मिर्ज़ा राहत अली बेग ज़फर बरेलवी

(मुसन्निफ़ - तारीख़ अल शोरा
पाकिस्तान
मॉल रोड, लाहौर
6 फरवरी, 1962

आज 46 साल हुए हजारों मजमुए नज़र से गुज़रे मगर आज तक ऐसा मजमुआ नहीं देखा। सादी-सादी बातें, हल्की फुल्की रंगीनियाँ, सबक आमोज़ ग़ज़लें आपने खूब मुरस्सा[1] फरमाई हैं। दिल बहुत खुश हुआ। बाज़ शेर तो इबरत[2] का दर्स[3] देते हैं। हल्की-फुल्की बातों में आप ने सब कुछ कह दिया है।

जनाब वीरेन्द्र प्रसाद सक्सेना

मुसन्निफ़ - हिन्दू शोरा का तज़्किरा

नाशाद साहब के कलम में शायरी होती है, फलसफा होता है तसव्वुफ़[4] होता है और शाइस्ता तग़ज़्ज़ल[5] का ऐसा रंग मिलता है जो एक ख़ास चीज़ है।............

नाशाद के यहाँ फ़न्नी इग़लात[6] न मिलेंगे। वो ज़बान का जादूगर है।.......

उनका ग़ज़ल में ख़ास तर्ज़ है ....

(माख़ूज़ अज़ रूहेलखंड अखबार, बरेली 19 सितम्बर 1955)

मधुर बिहारी लाल श्रीवास्तव, तल्ख़ फतेहपुरी

मुतज़िकरा[7] बाला इक़्तिबासात[8] से यह तो साफ़ ज़ाहिर है कि इन

---

1. नगीने जड़ना 2. शिक्षा 3. सबक 4. आध्यात्म 5. गजल का रंग, गज़लियत 6. फन से संबंधित गल्तियाँ 7. उपरोक्त, जिनका जिक्र किया गया हो 8. किसी लेख के अंश जो उद्धृत किये गए हों

हज़रात ने जो आस्माने अदब के आफ़ताब ओ माहताब हैं, नाशाद के कलम की कितनी तारीफ़ ओ तौसीफ़[1] की है लेकिन इन सब में उसका जायेज़ा लिया गया है कि उन्होंने 'कैसा कहा' यानी उनके कलम की फन्नी[2] हैसियत क्या है। इन तब्सिरों का तमामतर मुतालअः[3] करने के बाद भी मैं इस नतीजे पर पहुंचा कि 'क्या कहा' का तज़्किरा ज़िम्नन[4] आ गया है। लिहाज़ा उन्होंने जिन ख़्यालात की तर्जुमानी की है उस के मुताल्लिक मुझे कुछ अर्ज़ करने की ज़रुरत महसूस हुई।

शायरी शायर का शख़्सी किरदार[5] और शख़्सी कारनामा[6] है। शायर जैसा होगा वैसा अक्स उसकी शायरी पर पड़ेगा। एक नज़्म-गो[7] अपने को पर्दा-ए-नज़्म में छुपा सकता है। लेकिन ग़ज़ल में एक अच्छे शायर के किरदार की झलक साफ़ नज़र आती है। वो हज़ार कोशिश करे, अपने को छुपा नहीं सकता। नाशाद साहब भी अपने को न छुपा सके। वो बड़े ख़ुद्दार किस्म के इंसान हैं। इन के कलाम में इस की झलक साफ़ नज़र आती है।

इन की तरह इन का इश्क़ भी ख़ुद्दार है। इश्क़ का मैयार[8] इन के यहाँ बहुत बुलंद है। हवस को इन के यहाँ बारयाबी[9] नहीं है।

फ़रमाते हैं:-

नाम क्यूँ ले वो इश्क़ ओ उल्फ़त का
ज़ेरे खंज़र जो मुस्कुरा न सके

जो चाहे पार करना बहरे[10] उल्फ़त
वो अपने खून से पहले नहाये

---

1. समर्थन 2. फन से संबंधित 3. अध्ययन 4. प्रसंग में 5. व्यक्तित्व 6. कृतित्व 7. नज़्म कहने वाला 8. माप, कसौटी 9. पहुँच। 10. सागर

हस्बे ज़ैल[1] अशार से उन के मैयार-ए-इश्क़[2] का बखूबी अंदाज़ा हो सकता है

मुहब्बत बेनियाज़ मुद्दआ है
मुहब्बत खुद मुहब्बत का सिला है

मुहब्बत को हमने मुहब्बत ही समझा
न दुश्वार जाना न आसान जाना

इश्क है हुस्न से जुदा कोई
अब बताये किसी को क्या कोई

दिल को कुछ उनसे और ही निस्बत है हमनशीं
क्यूंकर कहूँ कि रब्ते-मुहब्बत है हमनशीं

मोहब्बत में मुद्दआ[3] का शाएबा[4] भी उन्हें बार-ए-ख़ातिर[5] होता है। मुत्ज़िकरा बाला[6] आखरी शेर में जो रुमूज़ियत[7] ओ नुद्रत[8] है, नफ़ासत ओ नज़ाकत है वो बयान नहीं हो सकती। लफ्ज़े मुहब्बत भी ज़बाँ पर लाते हुए उन्हें तअम्मुल[9] होता है। उन्होंने इश्क़ और हुस्न दोनों के मरातिब[10] को खूब समझा और दोनों का एहतेराम[11] किया है:--

तेरे दर से उठ तो जाऊँ तू ही मुंसिफ़ी से कह दे
है मेरी जबीं[12] के क़ाबिल कोई और आस्ताना[13]

हमारे बाज़ शोरा की तरह उन्हें अपनी जबीं नियाज़ पर किसी की ठोकर गवारा नहीं, न वो अपने महबूब के पाँव दबाने में मशग़ूल नज़र आते हैं न उस की ज़ुल्फों या पांव का धोवन पीने के लिये उन का

1. निम्नलिखित 2. प्रेम का स्थान या कसौटी 3. स्वार्थ 4. किंचित मात्र 5. मन पर बोझ 6. पूर्व चर्चित 7. विविधता 8. नवीनता 9. तकलीफ, दुःख 10. दर्जा, स्थान 11. सम्मान 12. मस्तक, माथा 13. दहलीज, चौखट

दिल बेक़रार रहता है। वो हुस्न का जायज़ एहतेराम करते हैं लेकिन उन्हें अज़्मत-ए-इश्क़[1] का भी अहसास है।

इश्क़ की अज़्मतों से नावाकिफ़
कर रहे हैं अभी जबींसाई[2]

उनका महबूब भी हुस्न ओ वफ़ा की जीती जागती तस्वीर है। वो शहीदे नाज़िशे हुस्न है। इस पैकर महबूबी के अंदाज़े हया ने इन्हें अपना दीवाना बना रखा है। इन के दिल में आतिशे इश्क़ फ़रोजाँ है।

वो गुनहगारे मुहब्बत हैं लेकिन इसमें उनके महबूब का हुस्ने अदा शामिल है। उनकी मुहब्बत यक़तरफ़ा नहीं है दूसरा भी उनके हिज्र में बेताब रहता है जिसे वो शोरिशे पिन्हाँ कहते हैं। अब आप खुद उनकी ज़ुबानी सुनिए और लुत्फ़ उठाइये।

1. नहीं तुझसे हमको तो कुछ गिला जो अदाए इश्वागरी[3] रही
   कि शहीदे नाज़िशे-हुस्न[4] थे हमें सब से बेख़बरी रही
2. जिसने मुझको तेरा दीवाना बना रखा है
   याद तुझको भी वो अंदाज़-ए-हया है कि नहीं
3. मैं गुनहगारे मुहब्बत हूँ ये माना लेकिन
   इसमें शामिल तेरा कुछ हुस्न-ए-अदा है कि नहीं
4. एक मुद्दत हुई शोले से उठा करते हैं
   आतिशे इश्क़ अभी दिल में फ़रोजाँ है दोस्त
5. कुश्ता-ए-नाज़ो-अदा[5] हूँ, मै वफ़ा का बंदा
   हुक्मराँ दिल में मेरे मल्कए-ख़ूबाँ[6] है दोस्त

---

1. प्यार का सम्मान, इज्जत 2. माथा रगड़ना, दीनता और नम्रता का प्रदर्शन 3. नाज नखरे 4. सौंदर्य का गर्व 5. नाज नखरों का मारा हुआ 6. सुंदरियों की रानी

6. कोई रहता है मेरे हिज्र में बेताब बहुत
ज़ब्त के साथ वही शोरिशे-पिन्हाँ[1] है दोस्त

ये तो रहा इश्क़ का एक रुख़ लेकिन मोहब्बत में शादमानी[2] ही शादमानी नहीं है, इसका दूसरा रुख़ देख कर बुलहवस[3] होश लरज़ उठते हैं। वह है माज़ूरी[4] ओ नाकामी, ग़मे हिज्राँ[5] ओ ग़में जानाँ[6]। नाशाद ने इस से राह फरार इख्तेयार नहीं की। उन्होंने ग़म को ग़म समझा क्यूंकि इस्तेलाह-ए-शायरी[7] में ग़म इश्क़ का दूसरा नाम है। उन्होंने महबूब की कुर्बत ओ दूरी[8] दोनों की जो कैफ़ियत उन के दिल पर गुज़री, उसकी तर्जुमानी बड़े ख़ुलूस[9] और शाइस्तगी[10] से की है। उनका ज़ौके-नज़र[11] इतना बुलंद है कि बिसाल-ओ-हिज्र[12] उन की निगाहों में यकसां[13] हो कर रह गये हैं। मुफ़ारक़त[14] और हिज्र की घड़ियाँ उन्होंने नाला-ओ-बका[15] में नहीं गुजारी हैं। उनकी शब-हा-ए-ग़म[16] कैफ़-आफ़रीं[17] रही हैं और शब-ए-हिज्राँ में इसलिए लुत्फ़ आता रहा कि कोई उन्हें तन्हाइयों में भी दिलासा देता रहा। ऐसी शबे ग़म पर वो लाखों मसर्रतें[18] सदके करने को तैयार हैं। चन्द अशार उस किस्म के मुलाहज़ा हों।

बिसाल ओ हिज्र अब दोनो हैं यकसाँ
कभी सरगश्त-ए-सूद-ओ-जियाँ[19] थे

कट गयी बेखुदी के आलम में
कैफ़ सा कैफ़ था शबे ग़म में

---

1. छुपा हुआ कोलाहल 2. खुशी 3. लालची 4. विवशता 5. विरह वेदना 6. जीवन के दु:ख 7. शायरी में मान लिया गया अर्थ 8. दूरी 9. निश्छलता 10. सभ्य, शिष्ट 11. देखने का शौक 12. मिलन और विरह 13. एक जैसे 14. पृथकता, जुदाई 15. हमेशा रोते कलपते रहना 16. दर्द भरी रातें 17. आनंद देने वाली 18. खुशियाँ 19. लाभ और हानि से परेशान

लुत्फ़े शब हाय हिज्र क्या कहिये
कोई देता रहा दिलासा सा

जिस पे लाखों मसर्रतें सदक़े
एक ऐसी भी ग़म की रात हुई

इस ग़म ने उनकी मुहब्बत में दर्द-ओ-दाग़[1] और सोज़-ओ-साज़[2] के अनासिर[3] शामिल कर दिये जिनकी तर्जुमानी उन्होंने इस कामयाबी के साथ की है कि जबान से बेसाख़्ता[4] सदाये-आफरीन[5] निकलती है। इस किस्म के अशार से मुतास्सिर हो कर हज़रत अफ़कर मोहनी यूँ रक़म तराज़ हैं --- "बाज़ अशार जो मीर के नश्तरों का हुक्म[6] दौरे हाज़िर में रखते हैं और जो मेरे दिल पर असर कर चुके हैं लिख कर उन पर अपनी इरादत मंदी का सज़दा करूंगा।"

(माखूद अज़ चौदहवीं सदी)

(बातबा माह जून 1953)

तुझे शिकवा है ये तू हँस न पाया
मगर वो जो कभी रोने न पाये

बुझा डाले ज़माने की हवा ने
दिये उम्मीद ने लाखों जलाये

देखते हैं तेरी निगाहों को
ग़म के मारों की ज़िंदगी क्या है

वक़्त की खूबियाँ मआज़अल्लाह[7]
हम भी अपने नज़र नहीं आते

---

1. दु:ख-दर्द 2. दु:ख और सुख 3. पंच-तत्व जिनसे शरीर बनता है 4. अनजाने ही, अपने आप 5. साधुवाद 6. निशाने पर लगने वाला 7. ख़ुदा बचाए

एक दिल की कली न खिल पाई
फूल लाखों खिले बहार आई

हाले नाशाद देखते क्या हो
एक सी कब किसी की गुज़री है

दम तोड़ रही हैं सब उम्मीदें
मुंह देख रहा हूँ बेकसी का

उनसे दिल नाशाद लगाके
फिरते हैं अब मारे मारे

कौन कहता है बहारे गुलिस्ताँ देखा किये
उम्र भर हम तो निगाहे बाग़बाँ देखा किये

रह गई दिल की दिल में बात यूं ही गुज़र गई हयात
बात कुछ ऐसी थी नहीं तुम ने मगर सुनी नहीं

इश्क़ और हुस्न यकजाँ[1] हों और राज़-ओ-नियाज़[2], शिकवा-ओ-शिकायत और राज़-ओ-इशारा की गुफ़्तगू न हो यह ग़ैर मुमकिन सी बात है, लेकिन इस किस्म की गुफ़्तगू के लिये सलीका दरकार है। प्रोफेसर रशीद अहमद सिद्दीकी ने 'कैफ़े सरमदी' में इस की वज़ाहत[3] यूँ की है,

"शायरी मुमकिन है बहुतों के बस की हो, ग़ज़ल मुश्किल से किसी के क़ाबू में आती है। बात करने की तमीज़ ज़रा कम ही लोगों के हिस्से में आती है। सिन्फ़-ए-कलाम[4] के एतबार से ग़ज़ल के बारे में जो चाहे कह लीजिए मुझे इसमें न दिलचस्पी

---

1. घनिष्ठता, दो जिस्म एक जान 2. गुप्त वार्तालाप 3. स्पष्टीकरण 4. कविता के प्रकार

है न इनकार। लेकिन ग़ज़ल सिन्फ़-ए-कलाम ही नहीं है सलीक़ा-ए-कलाम भी है जो बहुत से शोरा तक को नसीब नहीं। सच बोलना सलीक़े से बोलने से आता है और हुस्न-ए-आफ़रीनी मायने-आफ़रीनी से ज़्यादा मुश्किल है। ---------- सलीके के लिए तो सिर्फ सलीक़ा दरकार है।"

नाशाद साहब की बड़ी खूबी यह है कि वो बड़े सलीके से गुफ़्तगू करना जानते हैं। खुसूसन राज़-ओ-नियाज़[1] की गुफ़्तगू - यह हर शख्स के बस की बात नहीं। कहीं से आमियानापन[2] की झलक नज़र न आएगी और यही वो मुकाम है जहाँ एक तालीम याफ्ता शरीफ़ और गैय्युर[3] इंसान की पहचान हो जाती है। ऐसे मज़ामीन[4] को पेश करने में अगर जरा भी बेतवज्ज़ी बरती जाये तो कलाम सूक़ियाना[5] हो जाता है। मुब्तज़ल[6] ज़ज्बात ख्वाह कितनी ही खूबसूरती से अदा किये जाएँ, अख़्लाक़ी-नीज़-अदबी[7] हैसियत से क़ाबिले क़ुबूल नहीं हो सकते। इश्क़ फितरते-बशरी[8] है, यह आफ़ाक़ी[9] जज़्बा सारे आलम पर छाया हुआ है। इश्क़िया जज़्बात को आप शायरी से यक कलम खारिज़ नहीं कर सकते। इस उन्वान के चन्द शेर दर्ज़ किये जाते हैं:-

बन्दापरवर ये इल्तिफ़ात[10] है क्यूँ ?
कुछ नयी सी यह आज बात है क्यूँ ?

याद क्यूँ ख़ाकसार की आयी
आज तम्हीदे[11] इल्तिफ़ात है क्यूँ

यही जादूबयानियाँ हैं तो फिर
आपसे कौन बदगुमाँ होगा

---

1. मुहब्बत की बातें 2. हल्कापन जो आमतौर पर होता है 3. शरीफ 4. विषयों 5. बाजारू, सस्ता 6. नीच 7. शिष्टाचार और साहित्यिक 8. इंसानी प्रवृत्ति 9. सांसारिक 10. मेहरबानी, कृपा 11. भूमिका, प्रारंभ

है अभी हुस्ने इल्तिफ़ात वही
तुम वही हो अभी है बात वही

काँप उठता हूँ सोच कर जिसको
छेड़ दी तुमने आज बात वही

हाले दिल अब सुनाये क्या कोई
तुम ने तो मिल के कर दिया गुम सा

मान जाओ कभी किसी की बात
कुछ तो कर लो तलाफ़ी-ए-माफ़ात[1]

नहीं मुश्किल हमें तो जान देना
न हो जाये कहीं तुम को गुमाँ और

जी में जो आए तुम वही करना
बात सुनने में क्या बुराई है

तुम सच्चे लो मैं ही झूठा
कौन बढ़ाए तुम से बात

तज़्किरा[2] था गर्दिशे-अय्याम[3] का
आप क्यों तेवर बदल कर रह गए

सुन के दिल अब और भी बेताब है
कह रहे थे आपसे कुछ हम अभी

कहे क्या कोई अपना हाल तुमसे
तुम्हे तो बात भी सुनना गराँ[4] है

---

1. पूर्व में किये अनुचित कृत्यों की क्षतिपूर्तियां, परिहार 2. प्रसंग, चर्चा 3. कालचक्र, 4. मुश्किल

इस किस्म के अशार उन के कलाम में बहुत हैं लेकिन इस से यह न समझ लेना चाहिए कि उन की मंज़िल यही है। वो इश्क़ मजाज़ी[1] की मंज़िल से गुज़र कर कभी कभी इश्क़ हक़ीकी[2] की वादी की तरफ भी निकल जाते हैं। उन्होंने वहां के कुछ ऐसे फूल चुन कर अपने बाग़े शायरी में सजाये हैं जिन से चमनिस्ताने अदब हमेशा मुअत्तर[3] रहेगा। तसव्वुफ़[4] ओ मारिफ़त उन का मख़सूस रंग नहीं है लेकिन इन खुश्क मसाइल को भी उन्होंने बड़ी लताफत, नुदरत और दिल आवेज़ी के साथ पेश किया है जिन्हें पढ़कर कैफ़े रूहानी और सुरूरे सरमदी हासिल होता है। शेरियत को कहीं से ठेस नहीं लगने पाती।

वो नफ़स नफ़स में था नग़माज़न, वही सोज़ था वही साज़ था
उसे गो नज़र से हिजाब था, पसे पर्दा जलवागरी रही

नज़र से मेरी छुपोगे कहाँ कहाँ कब तक
ये परदा फ़लक-ओ-माह ओ गुलिस्ताँ कब तक

नाशाद उसका जल्वा है हर शै में आश्कार[5]
आलम तमाम अक़्स है रू-ए-निगार[6] का

मंज़िले हुस्न ओ इश्क़ में ऐसा भी एक मक़ाम है
सजदा जहां रवा नहीं, हाजत-ए-बंदगी[7] नहीं

खुशानसीब[8] कि है दिल में आरज़ू तेरी
मशामे-जाँ[9] है मुअत्तर[10] बसी है बू तेरी

वो और होंगे जिन्हें है नजात[11] की ख़्वाहिश
शहीदे हुस्न-ए-अज़ल[12] को है आरज़ू तेरी

---

1. सांसारिक प्रेम 2. ईश्वर के प्रति प्रेम 3. सुगंधित, सुवासित 4. आध्यात्म 5. प्रकट, स्पष्ट 6. प्रियतम का मुख 7. पूजा की आवश्यकता 8. जो खुशनसीब हो 9. आत्मा का मस्तिष्क यानी आत्मा 10. सुगंधित, सुवासित 11. मुक्ति 12. शाश्वत सौन्दर्य

परतौ[1]-ए-हुस्न-ए-यार है वरना
दिल की कुल कायनात कितनी है

किसने तेरा जलवा देखा
कहने को हाँ देखा देखा

करिश्मे हज़ारों, अदाएं हज़ारों
कोई सहल है तुमको पहचान जाना

पर्दे डाले हैं माह-ओ-अंजुम[2] के
खुदनुमाई[3] सी खुदनुमाई है

यूं तो दैर ओ हरम[4] भी हैं लेकिन
आपके नक़्शे-पा[5] से निस्बत[6] क्या

सुन रहा हूँ नग़मा हाय सरमदी[7]
रक़्से-पैहम[8] कर रही है ज़िंदगी

नाशाद साहब के यहाँ मुख्तलिफ[9] मौजुआत मिलते हैं। मसलन फ़लसफ़ा-ए-हयातओ मौत[10], मसला-ए-ज़बर ओ इख़्तियार, हक़ीक़ते आलम, नैरंगे ज़माना[11] - नफ़सियाती मुताअला, सियासत, तज़्किया-ए-नफ़्स[12], अख़्लाकियत, ग़मे दौरां वगैरह जिस से कलाम में तज़्जिया[13] पैदा हो गया है। इन खुश्क मसाइल में भी उन्होंने रफ़्त-ए-तख़य्युल[14], बंदिश की चाशनी, तर्ज़े अदा की नुदरत[15] और मानी आफरीं से लताफ़त ओ शेरियत की रूह फूंक दी है। इन महदूद[16] औराक़[17] में

---

1. प्रतिच्छाया, प्रकाश 2. चाँद तारे 3. अपने सौंदर्य का या अपनी शान-ओ-शौकत का प्रदर्शन 4. मंदिर और मस्जिद 5. पद्चिन्ह 6. संबंध, लगाव 7. निरंतर 8. निरंतर चलने वाला नृत्य 9. अलग अलग 10. जीवन मृत्यु का दर्शन 11. जमाने के रंग 12. आत्म परिमार्जन 13. विभिन्नता 14. कविता में नए विचार या भाव 15. नवीनता 16. सीमित 17. पुस्तक के पन्ने

इन सब का तज़्जिया[1] मुमकिन नहीं फिर भी चन्द शेर बतौर नमूना दर्ज़ किये जाते हैं:-

मौत क्या है, नग़मा-ए-खामोश है
ज़ीस्त[2] क्या है, दुखभरी आवाज़ है

मौत क्या है आप ही खुल जाएगा
पहले समझो ज़िंदगी क्या राज़ है

कभी सोचा भी मौत के तालिब[3]
ये भी निकली अगर अदाये हयात

ज़िन्दगी क्या थी कुछ नहीं मालूम
ख़्वाब देखा था एक उचटता सा

इंसाँ सा मजबूर न देखा
क़ैद नहीं, आज़ाद नहीं है

बंदापरवर ज़बाँ न खुलवाओ
कौन मुख़्तार[4] कौन है मजबूर

परतौ-ए-हुस्न-ए-यार[5] है हर सिम्त[6]
सारा आलम निगार ख़ाना[7] है

अक्स-ए-रंगीं है निगाहे-शौक़[8] का
और शरहे[9] आलम-ए-ईजाद क्या

दुनिया है आईना खाना
हम जैसे थे वैसा देखा

---

1. सभी भागों की अलग अलग समीक्षा करना 2. जीवन 3. इच्छुक, मांगने वाला 4. अधिकार प्राप्त, स्वतंत्र 5. प्रियतम के सौन्दर्य की प्रतिच्छाया या प्रकाश 6. दिशा 7. चित्रशाला, 8. प्यार भरी नजर 9. व्याख्या

मआज़-अल्ला[1] नैरंगे-ज़माना[2]
वो देखा है कि कुछ देखा नहीं है

आरज़ू कोई बर नहीं आती
क़त्अ उम्मीद भी नहीं होती

जाने क्यों फ़िक्रे बर्क़-ओ-बाराँ[3] उन्हें
अब तो गुलशन में आशियाँ भी नहीं

उन्हें भी अब हिजाब आ ने लगा है
मुहब्बत रंग लाई, रंग लाई

अब कहाँ पीने पिलाने का मज़ा
रंग मैखाने का है बदला हुआ

चुप हैं कुछ सोचकर असीरे क़फ़स[4]
याद क्या बाल-ओ-पर नहीं आते

तर्क[5] जब दिल से हर मुद्दआ हो गया
दिल वही फिर बड़े काम का हो गया

इश्क़ की राह में जो फ़ना हो गया
ख़ाक हो कर वही कीमिया[6] हो गया

हमारे दिल से उठता है धुआं क्यूँ
किसी का जल रहा है आशियाँ क्या

कोई दुःख का मारा रोया
दुनिया चादर तान के सोई

---

1. खुदा बचाये 2. जमाने के रंग, उतार चढ़ाव 3. बिजली और वर्षा 4. पिंजरे का कैदी, कारागार के बंदी 5. छोड़ने की क्रिया, अलग करना 6. स्वर्ण

कोई शायर अपने माहौल से मुतास्सिर[1] हुए बगैर नहीं रह सकता। नाशाद साहब भी अपने माहौल से मुतास्सिर हैं लेकिन सिर्फ इस कद्र कि उन्होंने दौरे हाज़िर की सोसाइटी की मंज़र-कशी[2] की है। उन के कलाम में दौरे हाज़िर के ज़ेहनी इन्क्लाबात मौजूद हैं। उन्होंने सोसाइटी के मायूब[3] को बेनक़ाब किया है। उन की नज़्म "गर्दिशे दौराँ" जिसमे ग़ज़ल की सी रंगीनी मौजूद है दौरे हाज़िर की हिन्दुस्तानी सोसाइटी पर एक ताज़ियाना[4] है। नाशाद इश्तेराकियत[5] के अलमबरदार[6] नहीं हैं लेकिन उनका दर्दमंद दिल नादारों[7] की नादारी देख कर मुतास्सिर ज़रूर हुआ है। मगर वह उनके मुंह में निवाला देना नहीं चाहते बल्कि उन्हें हुस्ने-अमल[8] की तल्क़ीन[9] करते हैं।

इस मजमुए में और भी नई नज्मे, गीत, रुबाइयात और कता हैं। ये सब के सब उन की तबियत के रंग में डूबे हुए हैं और उनके कादिर-उल-कलाम[10] होने के आइनादार हैं। गरज़ इस मुख़्तसर मजमुए में वह सब कुछ है जो एक अच्छे शायर को कहना चाहिए और जो कहा गया है वह बड़े हुस्न ओ खूबी से। उनके कलाम के मुताले के बाद मुझे उसमें जो खुसूसियात नज़र आई वह हस्बे ज़ैल हैं।

इनकी शायरी रिवायती शायरी नहीं है न उस पर तक्लीद[11] का रंग ओ रोगन है। बकौल डॉक्टर नूरुल हसन हाशमी उन्होंने रिवायत का भरम रखा है इनकी कलम की दूसरी खुसूसियत यह है कि वो फ़न्नी अस्क़ाम[12] से पाक़ ओ साफ़ है। प्रोफेसर जिया अहमद 'जिया' रक़म तराज़ हैं --- "निगाहे खुर्दबीं[13] को तलाश से भी उनके यहाँ फन्नी अस्क़ाम नज़र न आए"

---

1. प्रभावित 2. सामजिक परिवेश की चर्चा 3. बुराईयां, दोष 4. कोड़े की फटकार, 5. साम्यवादी 6. ध्वज वाहक 7. निर्धन 8. कर्म करने का सौन्दर्य 9. सीख 10. मंझे हुए फनकार 11. नकल या अनुकरण करना 12. फन की बुराइयाँ या त्रुटियाँ 13. छिन्द्रान्वेषण करने वाला

हज़रत अफ़कर मोहानी जैसा मुसल्लम अल सुबूत उस्ताद और अदीम-उल-मिसाल[1] नक़्क़ाद[2] उन्हें माहिरे फ़न और अहले ज़बान तस्लीम करता है। इस से बड़ी सनद उन्हें अब और कौन सी चाहिए? आज कल जब बेराह रवीय:[3] आम है हमारे नौजवान शोरा उनके कलाम से इस्तिफ़ाद:[4] कर सकते हैं।

उन्होंने ग़ज़ल को बड़ी पाकीज़गी और शाइस्तगी[5] अता की है। हज़रत ज़िगर बरेलवी जैसा सालिम अल सुबूत उस्ताद और सरमाया-ए-नाज़े-सुख़न[6] यूँ रक़म तराज़ हैं, --- "जो पाकीज़गी आपकी ग़ज़ल में है उसे उर्दू ग़ज़ल में नौवारिद[7] समझना चाहिए। आपका मजमुआ उरूसे शेर के लिये एक नफ़ीस ज़ेवर ही नहीं उसकी सीरत को भी संवारता है"

प्रोफ़ेसर रशीद अहमद सिद्दीक़ी फरमाते हैं कि "इनके लब ओ लहजे में शाइस्ता तख़य्युल[8] का ऐसा रंग मिलता है जो इस दौर में मफ़क़ूद[9] है।"

दूसरे नक़्क़ाद[10] भी उनके हमनवा हैं। शायरी में पाकीज़गी और शाइस्तगी बड़ी काबिले कद्र और कीमती चीज़ है। इस किस्म की पाकीज़गी इंसानी मंज़िलात और किरदार को बुलंद करती है। नाशाद ने इस पाकीज़गी ओ शाइस्तगी के साथ साथ उर्दू ग़ज़ल को एक नया लब ओ लहजा भी दिया है।

"-------सादगी ओ पुरकारी, तरन्नुम ओ शगुफ़्तगी[11], शुस्तगी[12] ओ शाइस्तगी[13], बर्जस्तगी[14] ओ बेसाख़्तगी, रंगीनी ओ दिलकशी, मुसव्वरी ओ नाज़ुक ख़याली, गहराई और गिराई, सोज़ ओ साज़,

---

1. बेमिसाल, अनुपम 2. साहित्य का पारखी 3. पथभ्रष्ट आचरण 4. लाभान्वित होना, 5. सभ्यता, शिष्टता 6. काव्य जगत के असली धन जिन पर गर्व हो 7. नया 8. कविता के मजमून, कल्पना 9. दुर्लभ 10. मंझे हुए फनकार 11. खिले होने का भाव 12. शुद्धता, तहजीब 13. संस्कृति 14. नैसर्गिक प्रवाह

माज़ियत ओ नुदरत और हुस्न आफरीनी के अज-ज़ाए तरकीबीसे यह लब ओ लहज़ा बना है। नाशाद साहब का यह मुन्फ़रिद[1] लब ओ लहज़ा है। उनके हर शेर में मुत्ज़िकरा[2] बाला ख़ुसूसियात में से कोई ना कोई ख़ुसूसियत ज़रूर नज़र आएगी। उनका हर शेर पुकार कर कहता है कि मै नाशाद का शेर हूँ दूसरा यह लब ओ लहज़ा नहीं इख़्तियार कर सकता और यही उनकी इन्फ़िरादियत[3] और शायराना अज़्मत[4] का राज़ है।"

एक और ख़ुसूसियत जो उन के कलाम को शाने इम्तियाज़[5] अता करती है वह "क्लासिकल रोमांटिसिज्म" (क्लासिकी रुमानियत) है। इस में इमानियत[6] का अंसार[7] भी शामिल है। उर्दू ग़ज़ल को नाशाद साहब की यह देन है। अहले फ़न[8] का ख़याल है कि यह बात फन्नी उबूर[9] के अलावा बड़ी जिगरसोज़ी, गुस्तर[10] मालूमात, मुतालए-नफ़्स[11] और शायराना सलाहियत से आती है लेकिन मेरी राय में इन सब के बावजूद यह दौलत उस के हक़ में आती है जिसे ख़ुदा देता है।

ईं सादत बज़ोरे बाज़ू नीस्त
ता न बख़्शतख़ुदा ए बख़्शन्दा

गरज़ आप का कलाम दिल ओ दिमाग़ के लिये सरमाया-ए-फ़िक्र-ओ-निशात है और आप की शायराना फ़नकारी और क़ादिरुलकलामी[12] आपकी शोहरत और बकाये दवाम[13] की जामिन[14] है। मैं नाशाद साहब को इस मजमुए की इशावत पर दिली मुबारकबाद पेश करता हूँ।

---

1. बेजोड़, अद्वितीय 2. पूर्व चर्चित 3. जैसा दूसरा न हो 4. महिमा, सम्मान 5. विशेष योग्यता 6. ईश्वर और धर्म में विश्वास 7. पुट, सहायता 8. साहित्यकारों का 9. नदी, समुद्र आदि को पार करना 10. व्यापक 11. अस्तित्व का अध्ययन 12. वाक्यपटुता 13. नित्यता, स्थायित्व 14. जमानत

नमूना कलाम 1953 लुगायत 1967

1. निगाहे नाज़ जाने कह गई क्या
मिजाज़े इश्क मिलता ही नहीं आज

2. वफ़ा क्या है वफ़ा कहते हैं किसको
कभी पूछेगें अपने मेहरबाँ से

3. थी जिनसे गर्मी-ए-शौके-शहादत[1]
तुम्हारे ही इशारात-ए-निहाँ[2] थे

4. दिल को जब तक लगी नहीं होती
ज़िन्दगी ज़िन्दगी नहीं होती

5. कुछ बता तू ही अब निगाहे-करम
दर्द में क्यों कमी नहीं होती

6. बर्क़[3] रह रह के क्यूँ तड़पती है
हमकफ़स[4], आशियाँ तो पास नहीं?

7. दिल ही रह रह के चौंक उठता है
वर्ना कोई भी आस पास नहीं

8. उन्हें हर बार हम यूँ देखते हैं
कि जैसे आज तक देखा नहीं है

9. बहुत जी चाहता है देखने को
बहुत दिन से तुम्हें देखा नहीं है

10. कोई भी अपने आस पास नहीं
कर रहा था ये कौन बात अभी

---

1. प्राण न्योछावर कर देने का जज्बा 2. गुप्त संकेत 3. सौदामिनी, बिजली 4. साथी बंदी

11. ऐतबार-ए-करम नहीं किसको
याद हैं चन्द सानिहात[1] अभी

12. निग़हे-नाज़[2] कह गयी सब कुछ
और कहने को कुछ कहा भी नहीं

13. कौन लायेगा ताबे लुत्फ़ ओ करम
दिल तो शाइस्ता-ए-ज़फा[3] भी नहीं

14. याद तो तेरी ख़ैर क्या करते
भूल ही जाते ये हुआ भी नहीं

15. दिल में निगाहे-नाज़[4] उतरती चली गयी
सरशार[5] कैफ़े इश्क़[6] से करती चली गयी

16. कुछ तो कह चारासाज़[7] क्या देखा
रंग चेहरे का हो गया काफ़ूर

17. वो मेरी बात सुन के बिगड़ते चले गए
दोशीज़गी-ए-हुस्न[8] निखरती चली गयी

18. मुहब्बत की बातें बहुत याद आयीं
वो भूली हुई सी, भुलाई हुई सी

19. दामे-उल्फ़त[9] में जो फंसा नाशाद
हो के आज़ाद भी रिहा न हुआ

20. अपने हाथों से तुमने पिला दी जिसे
बासफ़ा[10] हो गया, बाख़ुदा[11] हो गया

---

1. दुखद घटनाएं 2. प्रेयसी की नजर 3. अत्याचार के योग्य 4. प्रेयसी का कटाक्ष, चितवन 5. मस्त, ऊपर तक भरना 6. प्रेम का आनंद 7. उपचारक, मित्र 8. सौंदर्य का अल्हड़पन 9. प्रेम जाल, प्रेम का बंधन 10. स्वच्छ, विशुद्ध 11. पुण्यात्मा

21. सबक फूलों से ले ऐ हँसने वाले सहन-ए-गुलशन में
    कहीं ऐसा न हो हँसते ही सीना चाक हो जाये

22. जला कर आशियाँ गर बागबाँ ख़ुश है तो होने दो
    हमें हर शाख़ पर अब आशियाँ मालूम होता है

23. अब बहरे वुज़ू साक़ी एक जाम सुबू ही दे
    वो देख किरन फूटी हंगामा-ए-नमाज़ आया

24. जब साक़ी-ए-नाज़ आफरीं हाथों से अपने जाम दे
    इन्कार कर दें, और हम! वाइज़ ख़ुदा का नाम ले

मधुर बिहारी लाल श्रीवास्तव, तल्ख़ फतेहपुरी
एग्जीक्यूटिव इंजिनियर, बांदा

कलाम ए नाशाद

डाक्टर नूरुल हसन हाशमी

सदर, शोबा-ए-उर्दू, लखनऊ यूनिवर्सिटी

जनाब नाशाद की ग़ज़लगोई का मैं पहले भी क़ायल था। खुसूसन जब से इन के पहले मजमुए 'कैफ़-ए-सरमदी' को देखा था और अब जब कि सुरूर-ए-सरमदी पेशे नज़र है (जिसमें पहले मजमुए की ग़ज़लें भी शामिल हैं) तो फिर इसी कैफ़ ओ सुरूर से बहरा-अंदोज़[1] हुआ हूँ।

हुस्ने बयान की मारिज़[2] ये है कि इधर मुंह से बात निकलती है और उधर लोगों के दिलों में उतर गई, ज़ेहन पर छा गई और अज़बर[3] हो गई। इसी को सह्ले मुम्तना[4] कहते हैं और सादा पुरकारी भी। यह सादगी और पुरकारी शायराना सलाहियत रखने के बावजूद बड़े रियाज़ और ज़िगरकावी[5] के बाद नसीब होती है। इस मर्तबे को पहुँचने के लिये यह भी जरूरी है कि ऐसा शायर शदीद अहसासात का मालिक हो और फ़न पर भी कामिल उबूर[6] रखता हो।

ग़म नसीबी अगरचे मोजिबे-ज़ियाँ[7] होती है लेकिन ऐसे दर्दमंद शायर की सलाहियतों को मेराज़े-कमाल[8] पर पहुंचा देती है।

---

1. सरोबार 2. प्रकट होने की जगह 3. जबानी याद होना 4. ऐसा शेर जो बहुत सरल जान पड़े परंतु वैसा कहना असंभव हो 5. कड़ा परिश्रम 6. पूरी दक्षता 7. घाटे या दु:ख पर अभिमान करना 8. उत्कर्ष

ख़ुदा-ए-सुखन[1] मीर तक़ी मीर के बाद यह दौलत फ़ानी के हिस्से में आई थी लेकिन फ़ानी फ़ना पसंद हो कर रह गए थे। नाशाद नाशाद ही रहे इसलिए वो अब तक अपने ग़मों में लज्ज़त महसूस कर रहे हैं और इससे दूसरों को भी फैज़याब[2] करना चाहते हैं। जनाब नाशाद की अगरचे सारी उम्र सरकारी मुलाज़िमत (डिप्टी कलेक्टरी) में कटी लेकिन उन का दर्दमंद दिल ग़में जानाँ और ग़में दौरां से बहरा-मंद[3] हो कर हमेशा अपने दाग़-हा-ए-फरोजाँ[4] फरोजाँ-तर[5] करने की कोशिश करता रहा। यानी शेर के पर्दों में इज़हार-ए-दर्द होता रहा। पेशे नज़र मजमुआ कलाम "सुरूर ए सरमदी" इस ग़म अन्दोज़ी का एक गंजीना[6] है।

ग़म की बात निकली है तो इस सिलसिले में ख़ुद नाशाद साहब के ख़यालात भी सुन लीजिये। अपने एक यार ग़मगुसार को एक ख़त में लिखते हैं:-

"भाईजान! मुझे ग़मे रोज़गार, ग़मे जानां और ग़मे दौरां, इन तीनों ने मिल कर फूंक दिया, जला दिया, ख़ाक में मिला दिया। डाइबिटीज़ ने उन की मदद की, खाने पीने पर भी पाबंदी लगी है। कहने को जिंदा हूँ;

अभी एक साँस बाकी है जो रह रह के खटकती है
ये काँटा भी निकल जाये तो किस्सा पाक हो जाये

मगर यह सब मिल कर भी मुझे मिटा ना पाए। और यूँ तो मैं फ़ानी हूँ फ़ना मेरे लिये है; ग़म ने मुझे तपा कर अक्सीर बना दिया और बस! फ़ानी की तरह मैंने इसे अपना ईनाम नहीं बनाया - मेरे यहाँ ग़म का मर्तबा बहुत बुलंद है। वह एक ऐसा पाक़ ज़ज्बा है जो

---

1. कवि शिरोमणि 2. भला करना 3. लाभार्थी, जिसे लाभ हुआ हो 4. प्रकाशमान बिंदु या अंग 5. और भी रोशन 6. खजाना

आदमी को इंसान बना दे, ग़म अंगेज या उम्मीद शिकन नहीं – वो दूसरों से मुहब्बत करना, उन के दुःख में शरीक़ होना, उनका हाथ बटाना सिखाता है। घुलना और कुढ़ कुढ़ कर मरने या नाला–ओ–बका[1] करने का नाम ग़म नहीं है। ये तो उसकी तौहीन है – इसी पाक ग़म, ग़मे जानां और ग़मे दौरां की मैंने तर्जुमानी की है। कहाँ तक कामयाब हुआ हूँ यह अहले ज़ौक और माहिरे फ़न ही समझ सकते हैं, मुझे इस से कोई मतलब नहीं।

ग़मे दौरां की चिंगारियां 'कैफ़ ए सरमदी' में भी आप को मिलेंगी। यह आग दबी रही लेकिन हमारे नेताओं के तर्ज़े अमल, नादारों की नादारी, ज़रदारों की फ़िर्औनियत[2] और मजलूमों की बेनवाई[3] ने इस आग को भड़का दिया; आप को बयाज़ (सुरूर–ए– सरमदी) पढ़ कर इस का अहसास होगा। गजलों में मेरी रूह नगमा सरा है। सिन्फे सुखन में ग़ज़ल बड़ी बुरी सिन्फ़ है, बड़ी ही ग़म्माज़।[4] शायर अगर वाकई शायर है तो उसे बेनक़ाब कर के छोड़ती है, मुझे क्यों बक्शती? एक ज़हीन नक्क़ाद मेरे कलाम को बग़ौर पढ़ कर मेरी ज़िन्दगी का ख़ाका खींच सकता है। मेरे ख़यालात की वज़ाहत[5] कर सकता है और जिस दौर से हम और आप गुज़र रहे हैं उस की तस्वीर उतार सकता है। इस हर्ज़ा–सराई[6] की ज़रुरत इस वजह से आ पड़ी कि आपने अपने करमनामे में ग़म का ज़िक्रे ख़ैर कर दिया था"

जब कि शायर ने खुद अपने कलाम के मुतालिक वाज़ेह तौर पर इतना कुछ लिख दिया हो तो उस पर कोई और क्या इज़ाफा कर सकता है?

---

1. रोते कलपते रहना 2. फिऔन मिश्र का एक अहंकारी और अत्याचारी राजा था, यह शब्द अति अभिमानी के लिए प्रयोग होता है 3. दरिद्रता, कंगाली 4. निकृष्ट 5. स्पष्टीकरण, 6. व्यर्थ की बातें करना

ज़बान और बयान पर नाशाद साहब को ग़ैर मामूली क़ुद्रत[1] हासिल है- इनके बेशतर अशार नस्र[2] के जुमले मालूम होते हैं - सादा और रवाँ, एक हल्की सी घुलावट के मज़े के साथ उनके हर शेर में किसी न किसी किस्म की कसक या तड़प भी ज़रूर मिलेगी जो इनके ज़ज्बात की गहराई और ज़िगरकावी[3] को ज़ाहिर करती है। मालूम होता है कि उनकी रूह जो कुछ महसूस करती है उसे बड़ी मासूमियत के साथ हू ब हू पेश कर देना चाहती है। तश्वीह ओ तम्सील इस्तिआर:[4] से हुस्न-बयान की ख़ातिर मदद ज़रूरी है लेकिन इन सनाए[5] की ख़ातिर शायरी नहीं की है। यही वजह है कि अज़ दिल्खेज़ ओ बद दिलरेज़ वाली कैफ़ियत उन के सारे कलाम में जारी ओ सारी है। सिर्फ यही एक ग़ज़ल मुलाहिज़ा फरमाएं।

नज़र आता है उसका ज़लवा सा
या है ये भी नज़र का धोका सा

लुत्फे शब हाय हिज्र क्या कहिये
कोई देता रहा दिलासा सा

देख पाता है कौन जलवा-ए-यार
डाल देता है हुस्न पर्दा सा

ज़िन्दगी क्या थी कुछ नहीं मालूम
ख़्वाब देखा था एक उचटता सा

यास ओ उम्मीद की कशाकश में
रोज़ होता रहा तमाशा सा

---

1. वश में होना या वश में करने की सार्मथ्य 2. गद्य 3. कड़ा परिश्रम 4. तश्वीह, तम्सील और इस्तिआरा तीनो शब्द उर्दू में उपमा, रूपक आदि अलंकारों के समकक्ष हैं 5. अलंकार आदि

हाले नाशाद देख कर बोले
हो गया है इसे तो सौदा सा

यह सही है कि नाशाद साहब के कलाम में बेशतर ग़मे जानां और ग़मे दौरां के मज़ामीन[1] नज़र आयेंगे जिन्हें बाज़ हज़रात मुमकिन है सिर्फ रिवायती समझ बैठें, रिवायत का भरम उन्होंने ज़रूर कायम रखा है लेकिन रिवायती होने के बावजूद उन के अशार में जो नुदरते बयान, ईमानियत, दिलकशी और पाकीज: सादगी है वह यहाँ आज कल के बहुत से मारूफ़ शोरा में भी नज़र न आएगी। क्लासियत और रूमानियत को साथ साथ ले कर चलना और उसे निहायत खूबी ओ कामयाबी से निबाह देना यही नाशाद साहब का कमाल है और यही ख़ुसूसियत उन के कलाम को इम्तियाज़ और इन्फ़िरादियत[2] बख़्शती है। पाकीज: ख़्यालात और पाकीजा रचा हुआ अंदाज़ ए बयाँ उनकी हर ग़ज़ल को एक क्लासिकी शान अता कर देता है। सिन्फ़-ए-ग़ज़ल को और क्या चाहिए:-

जी चाहता है कि नाशाद साहब इस से ज्यादा कहते क्यूंकि उन का कलाम तश्नगी अंगेज़ है -- वो कहें और सुना करे कोई!

इस से ज्यादा क्या अर्ज़ करूं।

– नूरुल हसन हाशमी
लखनऊ यूनिवर्सिटी

---

1. विषयों 2. बेमिसाली, अनुपम

मुतालआत

(हज़रत अफ़कर मोहानी वारसी)

मैंने बृज नारायन 'चकबस्त' के बाद लखनऊ के शोरा में ऐसा साहबे तर्ज़ और तरहदार शायर नहीं देखा जिसके शेर में एक अनोखी बात हो और हर बंदिश में लताफत[1] और नुदरत[2] की लहर दौड़ती हो।

हश्व-ओ-जवायद[3] का कहीं नाम नहीं, गोया हर शेर नहीं बल्कि हर लफ्ज़ छांट कर रखा गया है कि इसके बजाये दूसरा लफ्ज़ आ ही नहीं सकता। यही नफ़ासत और लताफत तख़य्युल[4] आफरीनी में भी पाई जाती है कि मुबर्रा[5] और मुनज़्ज़ह[6] किताब को कहीं से पढ़िए, ज़ौके नज़ारा वहीँ का हो रहेगा। नज़र को उठाना और दिल को हटाना दुश्वार हो जाता है। कैसे-कैसे अछूते और नादिर[7] मज़ामीन[8], कैसी-कैसी नरम ओ नाज़ुक बहरों में अदा कर गए हैं कि *"करिश्मा दामने दिल मय कशद कि जाईं जास्त।"*

नाशाद साहब के इल्म ओ फज़ल से मुझे ख़बर नहीं अलबत्ता उन के कलाम की आबदारी, नुदरत, तख़य्युल आफरीनी[10] और चुस्त ओ मज़बूत बंदिशें ओ तराकीबे-अल्फाज़[11] ने यक़ीनन उन को एक

---

1. कोमलता, पवित्रता 2. नवीनता 3. साहित्य में अनावश्यक शब्दों का प्रयोग 4. कविता के मजमून, कल्पना 5. कहीं से भी 6. पवित्र 7. अनोखे 8. विषयों 9. नवीनता, 10. प्रशंसनीय 11. शब्दों का चयन और प्रयोग

माहिरे फ़न की सफ़[1] में पेश कर दिया है जिस पर उर्दू अदब को जिस कदर नाज़ हो, बजा है। मामूली से मामूली पेशेपा[2] उफ़्तादा[3] मज़ामीन को कभी ऐसे रफ़ीअ[4] मुकाम पर शायरी के ज़ोर से पहुंचा दिया गया है कि हैरत होती है। इसी तरह अर्फा-ओ-आला[5] तख़य्युल को ऐसी आसानी और पिज़ीराई[6] से नज़्म किया गया है कि गोया कोई बात ही न थी।

कुद्रते कलाम इसी का नाम है जो हर कस ओ नाकस[7] के बस की नहीं। नाशाद साहब को यह तमाम खूबियाँ फितरतन अता हुई हैं जिसमें कस्ब[8] ओ तलाश को बहुत कम दख़ल है और हक़ीकी शायरी इसी का नाम भी है कि शायर तलाश ओ जुस्तजू से आज़ाद हो कर मनाज़िरे[9] फितरत को ज़ाहिर कर सके।

नाशाद साहब ज़माने हाल के ऐसे शायर हैं जिन में करामत[10] और तरक्क़ी पसंदी को यकसां तौर पर समो दिया गया हो। गो उन को यह दावा नहीं कि मैं निस्फ़[11] से ज्यादा तरक्क़ी पसंद और निस्फ़ से कम करामत परस्त हूँ। ऐसा मुद्दई तो आधा तीतर और आधा बटेर हो कर रह जाता है। नाशाद के कलाम में क़दामत[12] की ऐसी मुस्तहकिम और आबदार झलक पाई जाती है जो कभी तर्क की ही नहीं जा सकती। आने वाली नस्लें सीना-ब-सीना ऐसी क़दामत को महफूज़ रखेंगी जिनसे फ़न की बुनियाद और उसूल की नींव कायम है। नाशाद साहब बस इसी कदर क़दामत पसंद हैं कि वो कोई ऐसी तक़रीबी ईजाद के मुर्तक़िब[13] बनना नहीं चाहते जिससे उसूले फ़न और इल्म ओ अदब को धब्बा लगे, बल्कि फ़न और उसूल के तहत में हजारों ऐसे गोशे हैं जिनको अज-सरे-नौ[14] उजागर किया जा सकता है।

---

1. पंक्ति, श्रेणी 2. यह शब्द पाँवपोश से बना है और यहाँ 'बहुत साधारण' अर्थ के लिए प्रयोग हुआ है 3. विपत्तिग्रस्त, खाली पड़ा हुआ 4. ऊंचा, बुलंद 5. चातुर्यपूर्ण और श्रेष्ठ, 6. स्वीकृति, अंगीकृति 7. हर किसी के, छोटे बड़े सभी 8. प्रयत्नपूर्वक करना 9. परिदृश्य 10. बुजुर्गियत 11. आधा 12. प्राचीनता 13. पाप के भागी 14. नए सिरे से

तख़य्युल[1] में नुदरत आफरीनी का जौहर पैदा कर देना नाशाद साहब का मेयार-ए-शायरी[2] है।

इसी के साथ वो एक तरक्क़ी पसंद शायर की हैसियत से भी किसी बड़े से बड़े तरक्क़ी पसंद शायर से पीछे भी नज़र नहीं आते हैं। अलबत्ता अजनबी तराकीब,[3] ग़लत बंदिशें, ना मफ़ूम इस्तिआरात[4] - ग़ैर मुस्ते अमल मुहावरात, और मुहम मतालिब से उनका कलाम बिलकुल पाक़ ओ साफ़ है। उन के कलाम में अलावा ग़ज़लियात के नज्मियात, फर्दियात, क़तात ओ रुबाइयात के भी मुख़्तसर नमूने पाए जाते हैं जो अपनी-अपनी जगह पर नगीने मालूम होते हैं। वही नज़ाकत, वही लोच वही नुदरत और आली तख़य्युल जो ग़ज़ल में पाई जाती है दूसरे अस्नाफे सुखन में भी नज़र आती है और आप यकसां तौर पर सब पर कादिर पाए जाते हैं।

ताज्जुब और हैरत इस बात पर है कि वो एक सोल्जर और सिपहदार ओ रज़्म ज़ूँ खानदान के चश्मो चिराग़ हो कर अहले बज़्म में दाखिल ओ शामिल हुए और शायरी ऐसी लतीफ़ ओ नरम ओ नाज़ुक सिन्फ़ में ऐसे पाये के नज़्म गो और नाज़ुक ख्याल शायर ओ अदीब कहलाये जिसकी मिसाल शायद ही नज़र आयेगी-

जुज़ इसके और क्या कहा जाये कि...

ईं सादत बज़ोरे बाज़ू नीस्त
ता न बख़्शत ख़ुदा-ए-बख़्शन्दा

नाशाद साहब ने छोटी छोटी बहरों में भी वो कमाल दिखाया है जो बड़ी बहरों के पूरे पूरे शेर नहीं दिखा सकते - दरया को कोजा में बंद करना इसी को कहते हैं - जबान साफ़ ओ शुस्ता[5] कि अहले

---

1. कल्पना विशेष कर कविता में 2. शायरी की कसौटी 3. नज़्म की एक किस्म 4. काव्य में अमूर्त का मानवीकरण 5. परिमार्जित

ज़बान होने पर यक़ीन लाना पड़े, दूसरे इल्त्ज़ामी महासिन की भी कमी नहीं - इन का अंदाज़ ए बयान और तर्ज़े अदा एक ऐसी जाज़्बियत अपने में रखते हैं जो देखने वालों से कभी फरामोश नहीं हो सकती - यही खुसूसियत इन के कलाम की तमाम ओ इन्फ़िरादियत[1] कही जा सकती है।

कोई मौजू हो, कोई रुख हो और कोई अंदाज़ हो, वह हर कहीं अपनी इन्फ़िरादियत में कामयाब नज़र आयेंगे - वो जिस मौजू पर और जिस रूख़ पर किसी शेर की बुनियाद कायम करते हैं उस की इन्तिहा को मालूम कर लेते हैं और आख़िरी नुक्ते पर ही मज़मून ख़त्म करते हैं। बाज़ बाज़ अशार जर्बुलमसल[2] का हुकुम रखते हैं जो फ़ौरन अज़बर[3] हो जाते हैं। इन के यहाँ से मामूली अशार भी दूसरों के वहां नमूने में नज़र न आयेंगे मसलन ----

1. मुहब्बत की बातें बहुत याद आयीं
   वो भूली हुई सी, भुलाई हुई सी
2. बस एक दिल ही महरमे-राज़े-हबीब[4] है
   किसको वगरना राज़े निहाँ[5] की हवा लगी
3. हम सो गये जो बाग़े जहाँ की हवा लगी
   जागे न उम्र भर जो यहाँ की हवा लगी
4. नहीं आज़ाद कोई हमनवा[6] सहन-ए-गुलिस्ताँ[7] में
   गिरफ़्तार-ए-कफ़स[8] है या गिरफ़्तार-ए-नशेमन[9] है

❄❄❄❄

---

1. बेमिसाली, अनुपम 2. कहावत, लोकोक्ति 3. याद 4. अन्तरंग मित्र का राजदार 5. छुपा हुआ रहस्य 6. एकमत व्यक्ति 7. जीवन रुपी बाग 8. पिंजरा 9. घोंसला

आग देता है बागबाँ किसको
हाय जालिम, यह आशियाना है

ग़मे जानाँ, ग़मे ज़माना भी
यही नाशाद का फ़साना है

❋❋❋❋

ज़िन्दगी बेसबात[1] कितनी है!
चन्द रोज़ा, हयात कितनी है

❋❋❋❋

परतौ[2]-ए-हुस्न-ए-यार है वरना
दिल की कुल कायनात[3] कितनी है

वो मेरी बात सुन के बिगड़ते चले गए
दोशीज़गीये-हुस्न[4] निखरती चली गयी

शीराज़ा-ए-हयात[5] बिखरता चला गया
दिल में निगाहे यार उतरती चली गयी

नाशाद इस निगाह के कुर्बान जाइये
रंगे हयात ख़ाके में भरती चली गयी

❋❋❋❋

इश्क़ में सब कुछ गँवा कर देख होना है सो हो
अपनी हस्ती भी मिटा कर देख होना है सो हो

---

1. नश्वर, जो नष्ट हो जाने वाली हो 2. प्रतिच्छाया, प्रकाश 3. दुनिया 4. सौंदर्य का अल्हड़पन 5. जीवन की व्यवस्था

इन हसीनो के हँसीं धोख़े मआज़-अल्लाह[1] मगर
ये हँसीं धोख़े भी खा कर देख होना हो सो हो

❄❄❄❄

तुझे शिकवा है ये तू हँस न पाया
मगर वो जो कभी रोने न पाये

किये जा ज़िक्र उसका याद उसकी
पलट कर सांस फिर आये न आये

बुझा डाले ज़माने की हवा ने
दिये उम्मीद ने लाखों जलाये

एक आलम यूँ ही नहीं गुम सा
नज़र आता है कोई भी तुम सा

जाने क्या कह गयी वो नीची नज़र
ज़िन्दगी में है कुछ तलातुम[2] सा

महर-ओ-मह[3] को दिखाई किसने आँख
सहमी-सहमी सी कायनात है क्यूँ

चश्मे साक़ी को क्या नहीं देखा
फ़िक्रे-उक़्बा[4] ग़मे निज़ात है क्यूँ

ये भी नाशाद देन है उस की
शिकवासंज-ए-हयात[5] है क्यूँ

---

1. खुदा बचाये 2. तूफान 3. सूरज और चाँद 4. कयामत के बाद 5. जिन्दगी से शिकायत करने वाला

चाँद तारे भी अब तो सोने लगे
ऐ ग़म-ए-हिज्र कितनी रात हुई

तमन्ना है हूर ओ क़सूर ओ जिनां[1] की
बहुत पस्त है हौसला आदमी का

कर तो लें हम शराब से तौबा
फिर तबीयत जो राह पर आई

दिल का ईमान और ही कुछ है
आशिक़ी ज़ात पात क्या जाने

हो गया जो किसी का सौदाई
वो हयात-ओ-मात[2] क्या जाने

बदगुमानी को भी ख़ुदा समझे
क्या कहा मैंने आप क्या समझे

नाउम्मीदी भी साथ छोड़ न दे
दिल भी मुफ़लिस[3] का घर न हो जाए

दुनिया पे ख़ाक डालें ग़म का इलाज कर लें
मौसम बहार पर है आओ पिये पिलाएँ

इस सिलसिले में लिखने वाली ये बात भी है कि हमारे नुदरत[4] आफरीं शायर ने बजाए ख़ुद अपने कलाम की निस्बत क्या राय कायम की जिससे न सिर्फ उस के कलाम की बल्कि ख़ुद उस की अदा शनास ज़ेहनियत का भी अंदाजा हो जाता है। वह ख्वामखा इज़्ज़[5] ओ इन्किसार[6] का मसनवी हेव्ला नहीं है बल्कि अख़्लाकी और

1. परस्त्रीगमन 2. जीवन और मृत्यु 3. निर्धन 4. नवीनता 5. सम्मान 6. खाकसारी, नम्रता

इन्किसार की जगह वह इंसानी आला कदरों का नमूना भी है और जहाँ तक ख़ुददारी-ए-कौलो अमल का ताल्लुक़ है वो इंसानियत का फ़ितरी मुज़स्सिमा[1] भी है। अपने कलाम को दुनिया के सामने वो इस तरह पेश करता है:-

है अफ़साना-ए-इश्क़ मेरा फ़साना
है आइना-ए-हुस्न मेरी कहानी

❄❄❄❄

किताबी नहीं है, निसाबी[2] नहीं है
मेरी शायरी इक़्तसाबी[3] नहीं है

मुहब्बत की बातें हैं लेकिन वहां की
हवस को जहाँ बारयाबी[4] नहीं है

अफ़कर मोहानी वारसी
11, लाट कल्लन, लखनऊ
इदारा, जामे जहां नुमा
20 अप्रैल, सन 1967

1. चलती फिरती मूर्ति 2. पाठ्यक्रम जैसी 3. उपार्जित की गई, सीखी हुई 4. मिलने का सौभाग्य, पहुँच

डॉ सैय्यद लतीफ़ हुसैन 'अदीब' की किताब "नाशाद कानपुरी" से लिए गए अंश

(यह किताब 1970 में छपी थी और उत्तर प्रदेश सरकार द्वारा समीक्षा पुस्तकों में सम्मानित की गयी थी)

"................. नाशाद साहेब के मजमुए कलाम 'सुरूर-ए-सरमदी' का मुताला करने के बाद भी दिल में ये ख़याल पैदा हुआ कि आँ मौसूफ़[1] का ताल्लुक़ खादिमाने उर्दू की उस नस्ल से है जो रफ्ता रफ्ता मादूम[2] हो रही है और जिसका तहफ़्फुज़[3] ज़रूरी है क्योंकि ऐसे तहफ़्फुज़ से मुराद अदबे उर्दू की उन अक़दार[4] का तहफ़्फुज़ है जो कल तक मुरव्वज[5] थीं और आज उनका जौहर कारफर्मा[6] है।"

"................. सच तो यह है कि नाशाद साहेब बतजरीद[7] एक अलामत[8] बन गए। हुस्ने अदब और हुस्ने शेर की अलामत जिसकी खोज, मुताला, तब्सिरा, तारीख़े अदब उर्दू की तफ़्हीम[9] के लिए हमेशा ज़रूरी समझा गया है।"

"................. नाशाद साहेब ने तो कमाल कर दिया है। पहला मजमुए कलाम 'कैफ़-ए-सरमदी' 1952 में ताबा[10] हुआ और दूसरा मजमुआ 1968 में इशाअत पिजीर हुआ। जहाँ एक मजमुए कलाम के छपने की नौबत नहीं आती वहां दो मजमुए तब्सिरे के लिए अरबाबे फिकरे नज़र को भेजे गए जिन्होंने इनकी तारीफ़ की और नाशाद साहेब का दिल बढ़ाया।"

"................. नाशाद तख़ल्लुस, श्रीधर प्रसाद नाम, साकिन कानपुर के हैं। बाज़ शहरों को बाज़ ख़ानदानों की निस्बत से याद किया जाता है जो उनके लिए बायसे शर्फ[11] होते हैं। कानपुर में निगम

---

1. जो प्रशसनीय हो 2. विलुप्त 3. सुरक्षा, संरक्षण 4. मूल्यों 5. जीवंत, प्रचलन में 6. प्रभावशाली 7. सजा सँवरा 8. पहचान 9. समझना, आँकना 10. छपना 11. गर्व

ख़ानदान अदबे उर्दू में काबिले तस्किरा हुआ है क्यों कि 'ज़माना' - कानपुर और उसके लायक एडिटर का ताल्लुक़ निगम ख़ानदान से है। माहनामा 'ज़माना' यूँ तो एक अदबी मैगजीन था मगर उसकी असल ख़िदमत ये है कि उसने दर्ज़नों उदबा और शोअरा को उभरने का मौका दिया। इस सदी में शुमाली हिन्द के उदबा और शोअरा में कौन ऐसा है जिसका ताल्लुक़ 'ज़माना' और उसके फ़ाज़िल मुदीर[1] से नहीं रहा है। लिहाज़ा कानपुर का निगम ख़ानदान मंज़िलत का हामिल है।"

"................. मेरे दिल में नाशाद साहेब के लिए जो वकत पैदा हुई है उसका बायस ये भी था कि वो ख़ुदा के नाम पर और ख़ुदा के लिए ग़ैर ख़ुदा के गुलाम नहीं रहे। उन्होंने अपनी अक्ल किसी ख़ुदा परस्त के नाम रहन नहीं रखी। वो एक अच्छे हिन्दू और एक अच्छे इंसान हैं।

"................. मैं ये कहना चाहता हूँ कि नाशाद साहेब की ज़ेहनी सतह एक बासीरत इंसान की ज़ेहनी सतह है। उनकी हयात का एक क्लासिकल पहलू है जिस पर पार्टी लाइन, तरक्की पसंदी, तज़रीद और वजूदियत की लहर नहीं लगी। मैंने कहा था कि वो एक अच्छे हिन्दू और एक अच्छे इंसान हैं, मैं अब कहता हूँ कि वो एक अच्छे इंसान और एक अच्छे शायर हैं।"

1. सम्पादक

ॐ

ग़ज़लियात

1

फ़िज़ाए हर दो आलम जगमगाई
ये किसने फिर नक़ाबे रुख़[1] उठाई

खिले गुंचे सितारे मुस्कुराए
झलक किसने पसे-पर्दा[2] दिखाई

बढ़ाई उन से जब रस्मे मुहब्बत
हयात-ए-चंद-रोज़ा मुस्कुराई

ये सब हैं दिल के बहलाने की बातें
क़फ़स[3] से और उम्मीदे रिहाई ?

उन्हें भी अब हिजाब[4] आने लगा है
मुहब्बत रंग लाई, रंग लाई

न कुछ अब तक हुआ है और न होगा
बहुत नाशाद क़िस्मत आज़माई

1940 ई.

---

1. मुख पर पड़ा पर्दा 2. पर्दे की ओट से 3. कारागार, पिंजरा 4. लज्जा

2

दिल से पैदा वो नवा[1]-ए-राज़ है
एक आलम गोश-बर-आवाज़[2] है

गुल खिलाए चाहे कुछ वहम-ओ-क़यास[3]
कौन वरना आशना-ए-राज़ है

दिल की धड़कन कह रही है साफ़-साफ़
कोई सरगर्म-ए-ख़िराम-ए-नाज़[4] है

मौत क्या है, नग़मा-ए-खामोश है
ज़ीस्त[5] क्या है, दुखभरी आवाज़ है

मौत क्या है आप ही खुल जाएगा
पहले समझो ज़िंदगी क्या राज़ है

कुछ समझते ही नहीं अहले-हरम[6]
वरना जो सज्दा है काबा साज़ है

फ़िक्र नाशाद आज है सेहर-आफ़री[7]
फ़ैज़-ए-फ़रहत[8] का यही एजाज़[9] है

1940 ई.

---

1. स्वर, गान 2. सुनने के लिए उत्सुक 3. अंदाजा 4. नाज से चल रहा 5. जीवन, 6. काबे के रहने वाले 7. जादुई, चमत्कारिक 8. परोपकार का आनंद 9. चमत्कार

3

दिल को ग़म से हज़र[1] न हो जाए
ज़िंदगी दर्दे-सर न हो जाए

ग़मे मुहब्बत असर न हो जाए
बेख़बर बाख़बर न हो जाए

जा ही पहुंचें हम उसके कूचे[2] में
अक़्ल अगर राहबर[3] न हो जाए

नाउम्मीदी भी साथ छोड़ न दे
दिल भी मुफ़लिस[4] का घर न हो जाए

दिल के दाग़ों को ताज़ा करना है
शबे ग़म की सहर न हो जाए

हाले नाशाद क्या कहे कोई
कहीं तुम पर असर न हो जाए

1940 ई.

---

1. डर 2. गली 3. पथ प्रदर्शक 4. निर्धन

4

फिर हुआ सौदा दिले नाशाद क्या
आ गया भूला हुआ फिर याद क्या

हम-क़फ़स[1] कुछ सई-ए-आज़ादी[2] भी कर
हर घड़ी ये शिकवा-ए-सय्याद[3] क्या

भा गईं क्यों दहर[4] की रंगीनियाँ
हो गया ज़ौक़े - नज़र[5] बर्बाद क्या

अक्स - ए - रंगीं है निगाहे - शौक़[6] का
और शरहे[7] आलम - ए - ईजाद[8] क्या

ज़र्रे-ज़र्रे का जिगर है चाक-चाक
और होगी इश्क़ की रूदाद[9] क्या

ज़िंदगी है वक़्फ़े - सई - ए - रायगाँ[10]
और मुझ नाशाद की रूदाद क्या

1940 ई.

---

1. पिंजरे के साथी बंदी 2. स्वतंत्र होने का प्रयत्न 3. शिकारी की शिकायत 4. दुनिया, 5. देखने का शौक 6. प्यार भरी नजर 7. व्याख्या 8. नूतन संसार 9. समाचार, दशा 10. व्यर्थ कोशिशों में लगाया समय

5

कोई हँसता है कोई रोता है
यही दुनिया में रोज़ होता है

दिल की बाज़ी सभी लगाते हैं
कोई पाता है कोई खोता है

दिल से मजबूर हूँ कि मरता हूँ
जान कर कोई जान खोता है

आप की याद आ ही जाती है
दिल में रह-रह के दर्द होता है

गिला ओ शिकवा क्या करें नाशाद
जाँनिसारों पे जोर[1] होता है

1940 ई.

1. जुल्म, अत्याचार

6

सुन रहा हूँ नग़मा हाय सरमदी[1]
रक़्से-पैहम[2] कर रही है ज़िंदगी

हम तो जल्वों ही में खो के रह गए
सज्दा कैसा और कैसी बंदगी

इश्क़ की तफ़सीर[3] क्या, तशरीह[4] क्या
कैफ़-ए-रूहानी[5] सरूरे सरमदी

कट ही जाएगी किसी की याद में
ज़िंदगी क्या, चार दिन की ज़िंदगी

क्या बताएं हिज्र[6] की शब क्या हुआ
क्या बताएं जान पर क्या-क्या बनी

हो बुरा नाशाद अक़्ल-ओ-होश का
कर दिया बर्बाद लुत्फ़े ज़िंदगी

1941 ई.

---

1. निरंतर 2. निरंतर चलने वाला नृत्य 3. वर्णन 4. व्याख्या 5. आत्मिक आनंद 6. विरह

7

पास होते हुए जुदाई है
क्या यही शर्ते आशनाई है

दिल में इक मौजे रंग ओ बू उठ्ठी
आज ये किस की याद आई है

जी में जो आये तुम वही करना
बात सुनने में क्या बुराई है

पर्दे डाले हैं माह-ओ-अंजुम[1] के
ख़ुदनुमाई[2] सी ख़ुदनुमाई है

रंग ओ बू से सुराग़ मिलता है
रहनुमाई[3] सी रहनुमाई है

शौक़ जीने का है किसे नाशाद
ज़िंदगी यूं हीं खींच लाई है

1941 ई.

---

1. चाँद तारे 2. अपने सौंदर्य का या अपनी शान ओ शौकत का प्रदर्शन 3. पथ प्रदर्शन

8

रह गया है याद यूं अहदे-शबाब[1]
जैसे इक भूला हुआ रंगीन ख़्वाब

इस तरह उठी निगाहे-शौक़[2] उधर
आ गया उनके हिजाबों[3] को हिजाब[4]

दिल में फिर सजने लगी बज़्मे निशात
याद फिर आने लगे माज़ी[5] के ख़्वाब

इस तरह देखा निगाहे मस्त ने
हर तरफ़ उठने लगी मौजे शराब

रूह-फ़रसा[6] है जुमूद-ए-ज़िंदगी[7]
इंक़िलाब ओ इंक़िलाब ओ इंक़िलाब

1941 ई.

---

1. यौवन काल 2. प्यार भरी नजर 3. पर्दा 4. शर्म 5. गुजरे हुए दिन, भूतकाल 6. रूह को कम कर देने वाला 7. जिन्दगी का ठहर जाना

9

कोई क्यूँ बेवफ़ा है क्या कहिये
अपनी-अपनी अदा है क्या कहिये

आप की क्या ख़ता है क्या कहिये
दिल सितम-आशना[1] है क्या कहिये

हुस्न हंगामा-ज़ा[2] है क्या कहिये
इश्क़ बे-दस्त-ओ-पा[3] है क्या कहिये

शौक़ हंगामा-ज़ा[4] है क्या कहिये
हर नफ़स[5] मुद्दआ[6] है क्या कहिये

चारासाज़ों[7] का कुछ क़ुसूर नहीं
दर्द ही ला-दवा[8] है क्या कहिये

क़ैदे हस्ती से छूट तो जाते
हर सितम आसरा है क्या कहिये

हाले नाशाद देखते क्या हो
ये भी शाने ख़ुदा है क्या कहिये

---

1. जुल्म के साथ जिसकी दोस्ती हो 2. हंगामे का आदी 3. मजबूर, जिसके हाथ पाँव न हों 4. हंगामे का आदी 5. सांस 6. चाहत 7. उपचारकों 8. जिसका कोई इलाज न हो

10

हर हर नफ़स पयामे मुहब्बत है हमनशीं[1]
ये ज़िंदगी नहीं है इबादत है हमनशीं

दिल को कुछ उनसे और ही निस्बत[2] है हमनशीं
क्यूंकर कहूँ कि रब्ते-मुहब्बत[3] है हमनशीं

दर्दे जिगर किसी की इनायत है हमनशीं
हस्ती भी एक बार-ए-अमानत[4] है हमनशीं

जिस पर निसार दैर-ओ-हरम[5] की बुलंदियाँ
उफ़्तादगी-ए-इश्क़[6] वो रिफ़अत[7] है हमनशीं

हर ज़र्रा क़ायनात का मस्ते सुरूर है
आलम तमाम नगमा-ए-उल्फ़त[8] है हमनशीं

1941 ई.

1. दोस्त 2. सम्बन्ध, लगाव 3. मुहब्बत का लगाव, घनिष्टता 4. अमानत या धरोहर का बोझ 5. मंदिर और मस्जिद 6. प्रेम की असहायता 7. बुलंदी, ऊँचाई 8. प्रेम का गीत

11

नज़र आते हैं वो कुछ मेहरबाँ से
गिला किस को है अब उम्रे-रवाँ[1] से

सुकून ओ ज़ब्त मैं लाऊँ कहाँ से
तुम्ही पर्दा उठा दो दरमियाँ से

ये दिल में कौन छुपता जा रहा है
सितारे झाँकते हैं आसमाँ से

अज़ल[2] से आज़माते आ रहे हो
नज़र आते हो फिर भी बदगुमाँ[3] से

दिले नाशाद का किस्सा न छेड़ो
निकल जाए न कुछ उसकी ज़बाँ से

1941 ई.

---

1. जीवन का प्रवाह 2. अनादि काल 3. जिसके मन में किसी के प्रति संदेह हो

12

बदगुमानी को भी ख़ुदा समझे
क्या कहा मैंने आप क्या समझे

इश्क़ का हुस्ने-ज़न[1] ! मआज़अल्लाह[2]!
ग़म को भी हम तेरी अता[3] समझे

बदगुमानी सी बदगुमानी है
तुम मुहब्बत को मुद्दआ[4] समझे

पूछते क्या हो मुद्दआ उसका
जो तुम्हें अपना मुद्दआ समझे

इसमें नाशाद की ख़ता क्या है
इल्तिजाओं को तुम गिला समझे

1943 ई.

---

1. अच्छी राय, अच्छा खयाल 2. ईश्वर बचाए 3. देन 4. चाहत

13

वो चाँद सी सूरत नाम-ए-ख़ुदा वो उठती जवानी! क्या कहिये
दिल ले गए बातों बातों में ये सेहर-बयानी[1]! क्या कहिये

कुछ हंस के कटी, कुछ रोके कटी कुछ ऐसे कटी, कुछ वैसे कटी
रुदाद[2]-ए-मुहब्बत क्या कहिये, रुदाद-ए-जवानी क्या कहिये

उठ उठ के गिरे, गिर गिर के उठे, किस्मत ने लिए लाखों पलटे
सुख-चैन नहीं था हिस्से में अब राम कहानी क्या कहिये

क्या पूछते हो क्या तुम से कहें, एक भूला सा अफ़साना है
कुछ याद नहीं सब भूल गए, रुदाद-ए-जवानी[3] क्या कहिये

अब दिल है कि बैठा जाता है, आँसू है कि उमड़े आते हैं
नाशाद के अहद-ए-ज़र्री[4] की रंगीन कहानी क्या कहिये

1943 ई.

---

1. सम्मोहित करने वाली बातें करना 2. कथा 3. जवानी की कहानी 4. स्वर्ण युग, सुखद समय

14

कह रहे हैं वो मुद्दआ[1] कहिये
मसलहत[2] पूछती है क्या कहिये

क्यों मुहब्बत में कुछ मिला कहिये
है अभी और हौसला कहिये

बंदा हूँ आप ही का बंदानवाज़
अब भला कहिये या बुरा कहिये

हूँ तो मैं हूँ बुरा ज़माने में
आप अच्छे हैं खैर क्या कहिये

ज़िंदगी कट गई खुश ओ नाखुश
इसके आगे अब और क्या कहिये

जिस से पैदा वफ़ा के हों अंदाज़
उस जफ़ा[3] को भी क्या जफ़ा कहिये

हाल ए नाशाद पूछते क्या हो
दिल भर आता है आह क्या कहिये

1945 ई.

---

1. ख़्वाहिश 2. विवेक, सावधानी 3. अन्याय, अत्याचार

15

मुफ़्त ही दिल दिया नहीं जाता
यूं तो सौदा किया नहीं जाता

ज़हरे हस्ती पिया नहीं जाता
अब तो साक़ी जिया नहीं जाता

ये भी जीने में कोई जीना है
जी रहा हूँ जिया नहीं जाता

हाय कितनी कशिश है दुनिया में
तर्क[1] इसको किया नहीं जाता

सब्र है हिज्र का इलाज मगर
वही हम से किया नहीं जाता

बादानोशी[2] हराम है लेकिन
बे पिये भी जिया नहीं जाता

जिस तरह जी रहे हो तुम नाशाद
इस तरह भी जिया नहीं जाता

1945–46 ई.

1. छोड़ने की क्रिया, अलग करना 2. मदिरापान

16

मज़ा आ रहा है नई ज़िंदगी का
करिश्मा है अदना सा ये आशिक़ी का

ज़माना हुआ है ना होगा किसी का
है दुश्मन यहाँ आदमी आदमी का

तमन्ना है हूर ओ क़सूर ओ जिनाँ[1] की
बहुत पस्त है हौसला आदमी का

कुछ इस तरह लूटा है दुनिया ने हमको
कि एहसास भी अब नहीं है कमी का

जो चाहें करे आप मुख़्तार ठहरे
मैं हूँ आपका दिल भी है आप ही का

है नाशाद को एक तेरा भरोसा
नहीं ढूँढता वो सहारा किसी का

1945–46 ई.

---

1. परस्त्रीगमन

17

खुद तमाशा है खुद तमाशाई[1]
हुस्न अपना है आप शैदाई

शौक़ ने फिर लगाई दिल में आग
मुज़दा-ए-ज़िंदगी[2] बहार आई

हम कहाँ और कहाँ तेरी महफ़िल
है मुहब्बत की कारफ़र्माई[3]

इक तमन्ना थी उनसे मिलने की
उम्र गुज़री मगर न बर[4] आई

इश्क़ की अज़मतों[5] से नावाक़िफ़
कर रहे हैं अभी जबींसाई[6]

अब कहाँ जाएँ, कौन पूछेगा
तेरे दीवाने तेरे सौदाई

एक नाशाद क्या कि आलम है
तेरा दीवाना तेरा शैदाई[7]

1946 ई.

---

1. जो किसी का आशिक हो 2. जीवन में खुशखबरी 3. काम करना, असर डालना, 4. सफल होना, आशा पूरी होना 5. गौरव, चमत्कार 6. माथा रगड़ना, दीनता और नम्रता का प्रदर्शन 7. प्रेमी

18

है हुस्न भी ख़ोशाचीं[1] उसी का
रुतबा है बुलंद आशिक़ी का

दिल नज़रे जमाले यार[2] कर के
एहसास हुआ है ज़िंदगी का

सब मौत जिसे समझ रहे हैं
सदक़ा है बहारे ज़िंदगी का

दम तोड़ रही हैं सब उम्मीदें
मुंह देख रहा हूँ बेकसी का

नाशाद का हाल पूछते हो
मम्नून[3]-ए-करम है दिलदिही[4] का

1. फायदा उठाने वाला 2. प्रियतम का सौन्दर्य 3. कृतज्ञ, आभारी 4. प्रीति, सांत्वना

19

हो गई अहले ग़म की हालत क्या
रंग लाई तेरी मुहब्बत क्या

मैं तो कहता हूँ रोग है दिल का
अब तुम्ही कह दो है मुहब्बत क्या

यूं तो दैर ओ हरम[1] भी हैं लेकिन
आपके नक़्शे-पा[2] से निस्बत[3] क्या

हर नफ़स उनकी याद है दिल में
हमनशीं[4] और है इबादत क्या

उसने बंदा बना लिया अपना
वरना नाशाद की हक़ीक़त क्या

---

1. मंदिर और मस्जिद 2. पद्चिन्ह 3. संबंध, लगाव 4. दोस्त

20

नज़र ए अन्दोंहो[1] ग़म हयात[2] हुई
कौन सी हम से ऐसी बात हुई

जिस पे लाखों मसर्रतें[3] सदक़े
एक ऐसी भी ग़म की रात हुई

काटता हो जो उम्र रो-रो के
उसको क्या दिन हुआ कि रात हुई

सारी दुनिया से मुंह जो मोड़ लिया
ज़ीस्त की क्या अजल[4] से बात हुई

चाँद तारे भी अब तो सोने लगे
ऐ ग़म-ए-हिज्र[5] कितनी रात हुई

वक़्त है इम्तिहान का नाशाद
ज़िंदगी वक़्फ़े मुश्किलात हुई

---

1. खटका 2. जीवन 3. खुशियाँ 4. मृत्यु 5. विरह वेदना

21

हुस्न हुस्ने सिफ़ात[1] क्या जाने
आशिक़ी के निकात[2] क्या जाने

हो गया जो किसी का सौदाई
वो हयात-ओ-मात[3] क्या जाने

दिल का ईमान और ही कुछ है
आशिक़ी ज़ात पात क्या जाने

बादा ए दिल-फ़रोज़[4] से तौबा
शेख़ राज़े हयात क्या जाने

हाँ लगा दी है जान की बाज़ी
इश्क़ नाशाद मात क्या जाने

---

1. गुण, तारीफें 2. सूक्ष्म और गूढ़ बातें 3. जीवन और मृत्यु 4. दिल को आलोकित करने वाला

22

हर नफ़स अपना अज़ीयत-कोश[1] है
ज़िंदगी क्या है वबाले दोश[2] है

कायनाते दिल है और सोज़े फ़िराक़[3]
ज़िंदगी एक महशर-ए-ख़ामोश[4] है

बहरे-उल्फ़त[5] का कहीं साहिल नहीं
आशिक़ी बेगाना-ए-आग़ोश है

किस ने छेड़ा नग़मा-ए-हुस्ने-वफ़ा
जिस को देखो वो हमा-तन-गोश[6] है

तुम भी आकर ये तमाशा देख लो
मौत से नाशाद हम-आग़ोश[7] है

1948 ई.

1. दर्द भरी कोशिश 2. कंधे पर रखा बोझ 3. विरहाग्नि 4. कयामत का सन्नाटा 5. प्रेम का सागर 6. तन्मय हो कर सुनना 7. आलिगंन बद्ध

23

मिल गया उस बेनिशाँ का अब निशाँ
खुल गए जो कुछ थे असरार-ए-निहाँ[1]

ख़ाना-ए-दिल में मिला उसका निशाँ
ढूंढ आए जाके हम कौनो-मकाँ[2]

शेख़ कब तक शरअ[3] की पाबन्दियाँ
ज़िंदगी है बैत-ए-पीरे मुगाँ[4]

आप में मुझ में नहीं है कोई फ़र्क़
एक पर्दा है दोई[5] का दरमियाँ

बेख़ुद ओ होशियार जो चाहे करें
चश्मे साक़ी के इशारात निहाँ

कौन है नाशाद का तेरे सिवा
तेरी चौखट छोड़ कर जायें कहाँ

1948 ई.

---

1. गुप्त रहस्य, भेद 2. संसार, जगत 3. धर्मशास्त्र 4. मदिरालय के प्रबंधक का मकान जिसका तात्पर्य ईश्वर के घर से है 5. द्वैत भाव, अलग अलग होने का भाव

24

जब तसव्वुर[1] में उनको लाता हूँ
दोनों आलम को भूल जाता हूँ

उफ़ रे मजबूरियाँ मुहब्बत की*
चोट खाता हूँ मुसकुराता हूँ

जानता हूँ हाले इश्क़ मगर
जान कर भी फ़रेब खाता हूँ

सच बता मेरे भूलने वाले
कभी तुझ को भी याद आता हूँ

तेरी जादू-बयानियों[2] की क़सम
तेरी बातों में आ ही जाता हूँ

ख़ार[3] दामन पकड़ ही लेते हैं
लाख नाशाद मैं बचाता हूँ

1948 ई.

---

1. खयाल, ध्यान 2. मोहित कर लेने वाली बातें 3. कांटे * हजरत अजीज लखनवी का मिसरा है

25

अपनी सी अक़्ल-ओ-होश ने कोशिश हज़ार की
गुत्थी सुलझ सकी ना ग़मे रोज़गार की

दामन को मेरे रश्क़े गुलिस्ताँ बना दिया
अल्लाह रे दिलनवाज़ियाँ[1] पैकान[2]-ए-यार की

वो दिन दिखाए गर्दिशे लैलो-नहार[3] ने
बादे खिज़ाँ ने बात न पूछी बहार की

दुनिया के ख़ैर ओ शर में[4] नहीं आदमी का दख़ल
तोहमत लगी हुई है मगर इख़्तियार की

अब दीजिए सज़ा कि जज़ा[5] इख़्तियार है
मजबूरियाँ थीं वो ख़ता बार-बार की

नाशाद के सिवा भी बहुत जाँनिसार हैं
क्यों याद आई आपको इस ख़ाकसार की

1948 ई.

---

1. आनंद 2. तीर 3. रात और दिन 4. अच्छे बुरे, पुण्य और पाप 5. इनाम, पुण्यफल

26

नहीं वो राह पर नहीं आते
आते हैं हाँ इधर नहीं आते

ग़म से राज़ ओ नियाज़ के अंदाज़
क्या कहें उम्र भर नहीं आते

वक़्त की खूबियाँ मआज़अल्लाह[1]
हम भी अपने नज़र नहीं आते

चुप हैं कुछ सोचकर असीरे क़फ़स[2]
याद क्या बाल-ओ-पर[3] नहीं आते

कुछ तो बहलाएँ दिल असीरे-क़फ़स
उड़ के दो चार पर नहीं आते

देखने को उन्हें तरसते हैं
ख़्वाब में भी नज़र नहीं आते

तुम ही महरूमे दीद[4] हो नाशाद
वरना क्या वो नज़र नहीं आते

1949 ई.

---

1. ईश्वर बचाए 2. पिंजरे का कैदी, कारागार के बंदी 3. उड़ने वाले पर 4. नेत्र-हीन

27

जब बातबात पर वो रह रह कर याद आएँ
नासेह[1] तू ही बता दे क्योंकर उन्हें भुलाएँ

दिल जल बुझा कभी का अब क्या निशाँ बताएँ
इक राख़ रह गई थी, वो ले उड़ी हवाएँ

दुनिया पे ख़ाक डालें, ग़म का इलाज कर लें
मौसम बहार पर है आओ पियें पिलाएँ

उम्मीद मुन्क़ता[2] हो, दिल को तो सब्र आए
वो साफ़ साफ़ कह दें, हम आए हैं न आएँ

इक उम्र कट गई है, कुछ दिन रहे हैं बाक़ी
ये भी गुज़ार देंगे, वो आएँ या न आएँ

हाँ छोड़ दें वो उल्फ़त, लेकिन ये हो सकेगा?
वो हम को भूल जाएं, हम याद भी न आएँ

अब क्या करें हम इसको, जब दिल कहा ना माने
वरना यक़ीन मानो, होतीं न ये खताएँ

नाशाद क्या कहा ये, किस ने कहा ये तुमसे
वो याद कर रहे हैं, क्या खूब, मान जाएँ

1949 ई.

---

1. नसीहत देने वाला 2. जिससे सम्बन्ध टूटा हुआ हो

28

ग़मे दिल का इलाज क्या करते
ज़ख़्म होता तो सी लिया करते

कब तलक हम यूँ ही जिया करते
मर ना जाते तो और क्या करते

हो गए हैं हम अपने शैदाई[1]
दिल को क्या महवे[2] मासिवा[3] करते

बंद-ए-इश्क़ हर तरह थे शाद
तुम जफ़ा करते या वफ़ा करते

ज़िंदगी ने वफ़ा न की वरना
इश्क़ की फिर से इब्तिदा[4] करते

यही क्या कम है तुमने पूछ लिया
और इससे ज़्यादा क्या करते

ला के मस्जिद में पी गए नाशाद
और क्या रिंदं-ए-पारसा[5] करते

1949 ई.

---

1. प्रेमी 2. तल्लीन 3. इसके सिवा 4. आरम्भ, शुरुआत 5. संयम से शराब पीने वाला

29

अब कहाँ पीने पिलाने का मज़ा
रंग मैख़ाने का है बदला हुआ

क्या करोगे ले के तुम किस काम का
दिल हमारा और फिर टूटा हुआ

एक प्याला बादा-ए-सरजोश[1] का
चल रही है साक़िया ठंडी हवा

मौजज़न[2] है इस तरह दिल में उम्मीद
जैसे फूलों से गुज़रती हो सबा[3]

अब कहीं रंगे मुहब्बत ही नहीं
कैसी बदली है ज़माने की हवा

आ रहा है इस तरह उनका ख़्याल
जैसे एक झोंका नसीमे सुबह का

क्यों है आख़िर जोर[4] ही नाशाद पर
आप के लुत्फ़ ओ करम को क्या हुआ

1949 ई.

1. तेज और बेहतरीन मदिरा 2. तरंगित, हिलोरें लेता हुआ 3. शीतल मंद बयार, 4. अत्याचार

30

प्रेम कहानी कौन सुनाए
दर्द की दौलत कौन लुटाए

कौन लगाए दिल फिर उनसे
उजड़ी बस्ती कौन बसाए

कहने को साथी थे लाखों
वक़्त पड़ा जब, काम न आए

अपनी ख़ैर जो चाहे कोई
कुछ भी कर ले, दिल न लगाए

उनको देखे मुद्दत गुज़री
है कोई ऐसा, उनसे मिलाए

भूल गए तुम अपना वादा
कौन तुम्हें अब याद दिलाए

आप की बातें सच पर कोई
ओस से क्यूंकर प्यास बुझाए

किस की याद ने चुटकी ले ली
आँख में आँसू क्यों भर आए

वो न हुए नाशाद हमारे
अपने भी सब हुए पराए

1949 ई.

31

चमन की सैर करने कौन आया
खिल उठे फूल सब्ज़ा[1] लहलहाया

न पूछो अब ये कैसा किसको पाया
ज़माने भर को हमने आज़माया

मुहब्बत ने सबक़ ऐसा पढ़ाया
बराबर है हमें अपना पराया

फ़रिश्ते गोश-बर-आवाज़[2] हैं आज
मेरे लब पर ये किस का नाम आया

भुलाए उसको मुद्दत हो गई है
मगर हर बात पर वो याद आया

मुहब्बत में न हम हारे न जीते
न इस बाज़ी में कुछ खोया न पाया

जुदा है सबसे आईने-मुहब्बत[3]
मुहब्बत में अगर पाया, न पाया

न जाने कह गए वहशत में हम क्या
मकान ओ लामकाँ को वज्द[4] आया

कटी है उम्र सारी खोज करते
पता पाया न तेरा भेद पाया

1949 ई.

---

1. हरियाली 2. सुनने को आतुर 3. मुहब्बत के तरीके या कायदे 4. मस्ती, आनंद

32

बेल मुहब्बत की जब बोई
फूल हँसे और शबनम रोई

कोई दुःख का मारा रोया
दुनिया चादर तान के सोई

लुत्फ़ ओ करम की ताब किसे है
रहने भी दो अब दिलजोई

तेरी तमन्ना कर के प्यारे
दिल में ग़म की फांस चुभोई

सुन लो हमने जो कुछ पाया
मुंह पर लाकर बात भी खोई

किस को रास आया है प्यारे
क्या ले नामे मुहब्बत कोई

दहर[1] से दिल नाशाद लगा के
अपने हाथों इज्ज़त खोई

1949 ई.

---

1. जमाना

33

झूठी दुनिया, झूठी माया
कौन है अपना कौन पराया

उम्र गंवाई, थाह न पाई
इश्क़ में कुछ भी हाथ न आया

प्रेम नगर की रीत नई है
जिस ने खोया उसने पाया

उन की ख़ुशी है याद न आएँ
हम ने कब उनको दिल से भुलाया

टूटे दिल को जोड़ न पाए
इसको दिखाया, उसको दिखाया

दे ही दिया दिल उनको आख़िर
बैठे बिठाए रोग लगाया

ग़म के मारे ऐसे सोए
जाग न पाए, लाख जगाया

कौन किसी का तेरे सिवा था
तूने बेड़ा पार लगाया

जान गए हम नाशाद आख़िर
झूठे जग की झूठी माया

1949 ई.

34

अरबाबे-वफ़ा[1] को देखते हैं
दुनिया की हवा को देखते हैं

आलम को हवा बता रही है
दुनिया की हवा को देखते हैं

क्या अपना बनाएँ आशियाँ हम
गुलशन की हवा को देखते हैं

शायद कि पयाम कोई लाए
हर मौजे सबा[2] को देखते हैं

मरमर के जो शाद जी रहा हो
उस मर्दे खुदा को देखते हैं

तुम देख रहे हो हुस्ने सूरत
हम हुस्ने वफ़ा को देखते हैं

तुम देखते हो गुनाह नाशाद
हम लुत्फ़ ओ अता को देखते हैं

1949 ई.

---

1. वफा करने वाले 2. प्रातःकालीन वायु के झोंके

35

मेहर[1] की क्या नज़र नहीं होती
होती है हाँ इधर नहीं होती

दिल को ग़म से मफ़र[2] नहीं होता
ये वो बाज़ी है सर[3] नहीं होती

ग़म के सब राज़दां नहीं होते
मेहर हर एक पर नहीं होती

इश्क़ में वो भी वक़्त आता है
फ़िक्रे शाम ओ सहर नहीं होती

सजदे करते हैं रात-दिन लेकिन
बंदगी उम्र भर नहीं होती

चाहता हूँ कि सुन सके कोई
शरहे[4] ग़म मुख़्सतसर नहीं होती

ज़िंदगी तल्ख़ हो गई नाशाद
फिर भी उनकी नज़र नहीं होती

1949 ई.

---

1 दया, कृपा 2. बचाव, सुरक्षा 3. जीतना 4. व्याख्या, टीका

36

ऐसा भी ज़िंदगी में आया है इक ज़माना
नाशाद से उन्हें था इश्क़ वालिहाना[1]

दुनिया-ए-आशिक़ी में वो फूल खिल चुके हैं
महका हुआ है जिनकी निकहत[2] से हर ज़माना

दुनिया की सरजमीं पर वो जुल्म हो रहा है
कहता है ज़र्रा-ज़र्रा इक दुःख भरा फसाना

फिर कान बज रहे हैं फिर दिल धड़क रहा है
फिर छेड़ती है फितरत क्या साज़े आशिक़ाना

सौ करवटें ज़मीं ले, सौ इंकिलाब आएँ
चलता रहेगा यूं ही दुनिया का कारख़ाना

सौ बार कह चुके हम, सौ बार सुन चुके तुम
दोहराए जाएँ कब तक दुख दर्द का फ़साना

1949 ई.

---

1. प्रेमियों जैसा, असीमित 2. खुशबू

37

तल्ख़ी-ए-ज़ीस्त[1] हाँ गवारा है
किस को दम मारने का यारा[2] है

छोड़ दो अपने हाल पर उसको
दिले ज़ार[3] आफ़तों का मारा है

तुम किसी के नहीं जमाने में
इक ज़माना मगर तुम्हारा है

हर नफ़स[4] पर है मौत का धड़का
ऐसा जीना किसे गवारा है

उनका ज़ानू[5] कभी था ये सर था
सर है अब और संग-ए-खारा[6] है

धज्जियां हो के रह गया है अब
जामा ए ज़ीस्त[7] पारा पारा[8] है

कौन नाशाद का है दुनिया में
तेरा ले-दे के इक सहारा है

1949 ई.

---

1. जीवन की कड़वाहट 2. सामर्थ्य, शक्ति 3. प्रेमाग्नि से व्यथित हृदय 4. सांस 5. घुटना 6. कठोर पत्थर 7. जीवन रूपी वस्त्र 8. तार तार होना

38

पीरे-मुग़ाँ[1] का नाम ले, हाथ में अपने जाम ले
बादा-ए-नाब[2] पी भी जा, अक़्ल से कुछ तो काम ले

किस ने ये दर्दे दिल दिया, किस ने ये ग़म अता किया
पूछ न यूं ही रहने दे, कौन किसी का नाम ले

मोल लगा है दिल का कब, ले लो तुम्हें है गर पसंद
याद करोगे तुम भी क्या, कौन अब इसके दाम ले

देख कि तेरे जाँनिसार[3], जोर-ए-क़ज़ा[4] भी सह गए
अब तो सितम से हाथ उठा, अब तो करम से काम ले

शिकवा-ए-रंजे ज़िंदगी, शेवा-ए-मर्दुमी[5] नहीं
दिल को ग़म आशना बना, सब्र ओ सुकूँ से काम ले

मुझसे और उनसे वास्ता, कहने को कोई कुछ कहे
कौन सिये किसी का मुंह, यूं ही जो कोई नाम ले

छोड़ भी मय परस्तियां, रिंदियां ओ मस्तियाँ
बाल सफ़ेद हो चले, अब तो ख़ुदा का नाम ले

1949 ई.

---

1. मदिरालय का मुख्य प्रबंधक 2. खालिस शराब, उत्तम मदिरा 3. प्राण निछावर करने वाला 4. मृत्यु का अत्याचार 5. बहादुरी के तौर तरीके, मर्दानगी की बात

39

वो किस से करते हैं बात
उनका दिन है उनकी रात

सब ही दिल आए की बात
इश्क़ ना जाने जात कुजात

तुम सच्चे, लो मैं ही झूठा
कौन बढ़ाए तुम से बात

पूछ रहे हैं, कौन बताए
उनसे अपने दिल की बात

इश्क़ का भी क्या खेल है प्यारे
पीछे बाज़ी, पहले मात

हिज्र की सूनी रातें क्या थीं
हम थे और ख़ुदा की ज़ात

उनकी भोली भाली सूरत
उनकी प्यारी-प्यारी बात

लाख बचाएं दिल को लेकिन
चल जाती है उनकी घात

हाल नहीं नाशाद का अच्छा
अब है उस पर भारी रात 1949 ई.

40

जब न कुछ भी सिवा जफ़ा[1] होगा
फिर ग़मे दोस्त जी के क्या होगा

नहीं मालूम हम को, क्या होगा
जब कभी उनका सामना होगा

जान के साथ ये भी जाएगा
और ग़म का इलाज क्या होगा

इश्क़ में जान ही तो जाएगी
और क्या होगा और क्या होगा

जोर[2] की भी है इंतिहा कोई
कभी इसका भी फैसला होगा

दिल और उसकी ये जल्वा-सामानी[3]
आप ही का ये नक़्शे पा[4] होगा

ज़िंदगी जिस तरह कटी नाशाद
आपका दिल ही जानता होगा

1949 ई.

1. अत्याचार 2. अत्याचार 3. अपने तेज के साथ उपस्थित होना 4. पद्चिन्ह

41

तुम को हमारी याद न आई
ऐसी हुई क्या हमसे बुराई

दिल की बात न कहना प्यारे
मुंह से निकली, हुई पराई

कैसी दोज़ख़, कैसी जन्नत
सब बातें है सुनी सुनाई

दिल बहला ले, धोका खा ले
जाल से और उम्मीदे रिहाई

वो क्या जाने दर्द पराया
जिसने दिल पर चोट न खाई

रोता है तेरी याद में कोई
सोती है जब सारी ख़ुदाई

किस उम्मीद पे जीते रहिए
कोई तमन्ना भी बर आई

हम क्या हैं, ये दुनिया क्या है
कोई समझ में बात न आई

काम यही आएगा प्यारे
कर ले सब के साथ भलाई

क्यों नाशाद बने दीवाना
उनके दर तक और रसाई[1]?

1949 ई.

1. पहुँच

42

कौन है राजा कौन है रानी
झूठी है सब प्रेम कहानी

क्या कहिये अब प्रेम कहानी
हाय ज़माना, हाय जवानी

हुस्न ओ जवानी, दोनों फ़ानी
एक फ़साना, एक कहानी

तेरी हक़ीक़त राज़ है अब तक
किस ने अपनी ज़ात[1] ही जानी

क्या है बातिन[2]? क्या है ज़ाहिर?
कौन है बाक़ी[3]? कौन है फ़ानी[4]?

अमृत रस है उनकी बातें
मदिरा का मद, उनकी जवानी

मुद्दत गुज़री दिल को लुटाए
क्या छेड़ें अब बात पुरानी

मुर्दा दिल में क्यों आस आए
क्या दें सूखे धान को पानी

---

1. अस्तित्व 2. अंत:करण, मन 3. अनश्वर 4. नाशवान

जैसी गुज़री, अच्छी गुज़री
क्या दोहराएँ राम कहानी

दे ही दिया नाशाद उन्हें दिल
तुमने किसी की एक ना मानी

1949 ई.

43

किसने तेरा जलवा देखा
कहने को हाँ, देखा, देखा

देखा ख़ूने तमन्ना देखा
देखा रंगे दुनिया देखा

मस्त है अपनी धुन में दुनिया
सर में सब के सौदा[1] देखा

दिल में चुभो कर ख़ारे तमन्ना
हम ने खूब तमाशा देखा

दुनिया है आईना खाना
हम जैसे थे वैसा देखा

ये माना नाशाद बुरा है
तुमने कोई ऐसा देखा

1949 ई.

---

1. पागलपन

44

कुछ तबस्सुम कर के वो क्या कह गए
चाँद तारे सर झुका कर रह गए

तज़्किरा[1] था गर्दिशे-अय्याम[2] का
आप क्यों तेवर बदल कर रह गए

देख कर होश ओ ख़िरद[3] की काविशें[4]
दिल के बंदे मुस्कुरा कर रह गए

बारगाहे हुस्न तक पहुंचा है कौन?
जाने वाले रहगुज़र में रह गए

दिल में अरमाँ तो हजारों थे मगर
बन के आँसू रफ़्ता रफ़्ता बह गए

ज़िंदगी क्या है हिजाबे-रू-ए-दोस्त[5]
हज़रते नाशाद ये क्या कह गए

1950 ई.

---

1. प्रसंग, चर्चा 2. कालचक्र 3. बुद्धि 4. जिज्ञासा, फिक्र 5. दोस्त या प्रियतम का छुपा हुआ चेहरा

45

और अभी अरमान-ए-वफ़ा है?
चुप बैठा क्या सोच रहा है

उनको भी अरमान-ए-वफ़ा है
ये भी फ़साना हमने सुना है

जो होना है होगा होगा
दिल जाने क्यों डूब रहा है

चारागर भी अब क्या करते
दर्दे दिल की कोई दवा है

ख़ुद अच्छे तो दुनिया अच्छी
कौन भला है? कौन बुरा है

जोशे अलम[1] का पूछ न आलम
दरिया मौजें मार रहा है

चुप बैठे क्या सोच रहे हो
नाशाद आगे दिल में क्या है

1950 ई.

1. ग़म

46

यही ग़म है तो क्या करेंगे आप
ग़मे दिल की दवा करेंगे आप

आप, तर्के जफ़ा करेंगे आप!
क्यों किसी का कहा करेंगे आप!

आप, और हम पे तर्के मश्क़-ए-जफ़ा[1]!
जी न बहला तो क्या करेंगे आप

रोग लाखों है एक जान के साथ
किस मर्ज़ की दवा करेंगे आप

क्या सितम शर्ते आशनाई है?
इसका ख़ुद फैसला करेंगे आप

ज़हे क़िस्मत, खुशानसीब, मगर
आप, वादा वफ़ा करेंगे आप

हाले नाशाद कह तो दें लेकिन
फ़ायेदा इससे, क्या करेंगे आप

1950 ई.

1. सितम करने का अभ्यास छोड़ देना

47

अपनी सी हम करके हारे
वो न हुए नाशाद हमारे

मर ही गए हस्ती के मारे
कब तक जीते ग़म के सहारे

दुनिया ख़ुद नंगी है प्यारे
अपना दामन कौन पसारे

इश्क़ की बाज़ी खेल के प्यारे
हारे जीते, जीते हारे

इश्क़ में इसका क्या ग़म प्यारे
जीते जीते, हारे हारे

किस ने अहदे[1] मुहब्बत बांधा
चश्मकज़न[2] हैं चाँद सितारे

दुनिया के इस शोर ओ ग़ुल में
कौन सुनेगा, कौन पुकारे

उनसे दिल नाशाद लगाके
फिरते हैं अब मारे मारे

1950 ई.

---

1. समय, युग, वचन 2. आँख से संकेत करने वाले

48

दिल से कब बात बनाएँ
उनका क्या वो आएँ ना आएँ

छाई हैं घनघोर घटाएँ
ऐसे में वो काश आ जाएँ

जीने वाले जी ही लेंगे
उनकी मर्ज़ी आए ना आएँ

जितना सुलझे उतना उलझे
प्रेम की गुत्थी क्या सुलझाएँ

तर्के मुहब्बत कर दें लेकिन
इस पर भी जब वो याद आएँ

मय से अब तस्कीन ना होगी
इसमें थोड़ा ज़हर मिलाएँ

है भी कुछ या कुछ भी नहीं है
यूं ही कब तक धोका खाएं

नाज़ करे वो जितना चाहे
जिसको बढ़ कर वो अपनाएँ

नाशाद उनकी आमद है क्या
आओ घी के दिये जलाएँ 1950 ई.

49

आप की याद उम्र भर आई
हम भुलाया किए मगर आई

दिल की हर चोट फिर उभर आई
देख कर उनको आँख भर आई

किसने तुम को भुला दिया प्यारे
आई याद और उम्र भर आई

जब किसी मेहरबाँ ने पूछा हाल
दिल धड़क उठा आँख भर आई

लाख इख़्फ़ा-ए-ग़म[1] करोगे मगर
क्या करोगे ? जो आँख भर आई

कर तो लें हम शराब से तौबा
फिर तबीयत जो राह पर आई

ताबे ग़म लाए किस का था ये जिगर
ये बला आशिक़ों के सर आई

क्यों कदम डगमगाए जाते हैं
हमसफर, किस की रहगुज़र आई

सुन के नाशाद प्यार की बातें
याद क्या आया, आँख भर आई 1950 ई.

---

1. दु:ख छुपाना

50

हर तरफ़ आग सी लगा आई
आई भी तो बहार क्या आई

जाने गुलशन में क्या गुल आज खिला
हाथ मलती हुई सबा[1] आई

दिल का हर ज़ख़्म हो गया ताज़ा
दरे-जिन्दाँ[2] खुला हवा आई

तुम को मेरा ख्याल है तो ज़रूर !!
ग़मे दिल की भी कुछ दवा आई

बढ़ चला इज़्तिराब[3]-ए-दिल नाशाद
कौन से कूचे[4] से हवा आई

1950 ई.

1. शीतल मंद हवा 2. कारागृह का दरवाजा 3. बेताबी 4. गली

51

क्या जीना उफ़्ताद[1] नहीं है
दाद नहीं, फ़रियाद नहीं है

किसने लिया दिल, किसको दिया दिल
भूले नहीं, हाँ याद नहीं है

उनका दिया सब कुछ है लेकिन
जाने क्यों दिल शाद नहीं है

इंसाँ सा मजबूर न देखा
क़ैद नहीं, आज़ाद नहीं है

हस्ती क्या है एक घरौंदा
जिसकी कुछ बुनियाद नहीं है

उनसे दिल नाशाद लगा के
शाद तो क्या, नाशाद नहीं है

1950 ई.

1. विपत्ति, मुसीबत

52

जब वो नाशाद के यहाँ आए
चाँद तारों ने फूल बरसाए

उनको भूलें तो किस तरह भूलें
हम भुलाया किए वो याद आए

उससे पूछो कि ज़िंदगी क्या है
जो न हँस पाये और न रो पाये

दी भी नाज़[1] ओ नियाज़[2] ने फ़ुर्सत
कुछ न कह पाये कुछ न सुन पाये

वही होती है बात कहने की
लब तक आ कर जो बात रह जाये

सच है या ख़्वाब देखता हूँ मैं
आज ये तुम किधर निकल आए

हम ने नाशाद लाख ज़ब्त किया
देख कर उनको अश्क भर आए

1950 ई.

1. मान अभिमान 2. प्रार्थना, विनती

53

दुनिया की मुहब्बत महंगी है, ये महंगा सौदा कौन करे
मौजों के थपेड़े कौन सहे, तूफ़ाँ की तमन्ना कौन करे

आग़ाज़े मुहब्बत देख लिया, अंजामे मुहब्बत देख लिया
फिर इश्क़ को रुसवा कौन करे, तज्दीदे- तमन्ना[1] कौन करे

शिकवा भी उन्हीं का करते हैं, है लुत्फ़ उन्हीं पर मरते हैं
ये राज़ है सरतासर[2] हमदम, इस राज़ को अफ़्शाँ[3] कौन करे

फिर झूम के आई काली घटा, वो देख दरे मैख़ाना खुला
ला जाम पिला, बदमस्त बना, अंदेशा-ए-फ़रदा[4] कौन करे

नाशाद है मंज़िल आँखों में, उठते नहीं लेकिन अपने क़दम
हम खुद ही हिम्मत हार गए, तक़दीर का शिकवा कौन करे

1950 ई.

---

1. तमन्ना को फिर जगाना 2. पूरी तरह से 3. फैलाना, छिड़कना, जिसका तात्पर्य यहाँ सर्वविदित करने से है 4. कल की फिक्र

54

ज़माना ले रहा है करवटें शायद फ़िज़ा बदले
क़फ़स से हो रिहाई, बाग़े आलम की हवा बदले

उसूले ज़िंदगी बदले, मज़ाके ज़िंदगी बदला
वो देखो मैकदे में शेख़ भी आए रिदा[1] बदले

इबादत खौफ़े दोज़ख़ से, मआज़-अल्लाह[2], क्या कहिये
ये तर्ज़े बंदगी, बेचारगी, बार-ए-ख़ुदा[3] बदले

निगाहे-फ़ितना-ज़ा[4] ने कैसे-कैसे रंग बदले हैं
कहो क्या हो अगर यूं हीं कहीं रस्मे वफ़ा बदले

खरी खोटी बहुत कुछ कह चुका रिंदों[5] को ऐ वाइज़[6]
उठा अब साग़रे मय, पी भी जा, मुंह का मज़ा बदले

परस्तिश[7] हो रही है आजकल झूठे ख़ुदाओं की
बिसात उल्टे कहीं नाशाद ये नक्शा ख़ुदा बदले

1951 ई.

---

1. चादर, यहाँ आशय पोशाक से है 2. खुदा बचाये 3. सर्वशक्तिमान ईश्वर 4. बुरी नजर 5. शराब पीने वाले 6. धर्मोपदेशक 7. पूजा

55

तीरे निगाह सह सके ताब[1] हर एक की नहीं
जान पर अपनी खेलना, खेल नहीं, हँसी नहीं

महवे[2] खयाले यार में, मस्त हैं हाल-ए-ज़ार[3] में
आँख में अब नमी नहीं, होंठ पर अब हँसी नहीं

कहने की बात और है, कहने को कोई कुछ कहे
सच तो ये है किसी से भी, रस्मे वफ़ा निभी नहीं

रह गई दिल की दिल में बात, यूं ही गुज़र गई हयात
बात कुछ ऐसी थी नहीं, तुम ने मगर सुनी नहीं

देन पर उसकी शक न कर, हाथ जरा दराज़ कर
देख तो उससे मांग कर, उसके यहाँ कमी नहीं

कर के निगाहे इल्तिफ़ात[4], जान गए वो दिल का राज़
लाख बनाई हम ने बात, बात मगर बनी नहीं

मंज़िले हुस्न ओ इश्क़ में ऐसा भी एक मक़ाम है
सजदा जहां रवा[5] नहीं, हाजत-ए-बंदगी[6] नहीं

अब न वो दिल, न वो दिमाग़, सीना है ग़म से दाग़ दाग़
ज़ोशे जुनूने इश्क़ में अब वो हमा-हमीं नहीं !

1951 ई.

---

1. सामर्थ्य 2. तल्लीन 3. बुरा वक्त, गरीबी 4. मेहरबानी, कृपा 5. उचित, जरूरी 6. पूजा की आवश्यकता

56

मिली फ़ुरसत अगर रंज ओ बला से
कहेंगे कुछ हम भी अपने ख़ुदा से

ख़ुदा न ख़्वास्त:[1] तुमसे गिला हो
शिकायत है हमें अपनी दुआ से

यूं ही रब्त[2] उनसे मुझसे हर नफ़स[3] है
हो जैसे ग़ुन्चा ओ गुल का सबा से

कोई मांगे तो क्या दुनिया से मांगे
मिले क्या ख़ाक बे बर्ग-ओ-नवा[4] से

करें जो चाहें बीमारे मुहब्बत
गया ये रोग अब दारू दवा से

कभी नाशाद को देखा तो बोले
नज़र आते हैं सूरत-आशना[5] से

1951 ई.

---

1. खुदा न करे 2. लगाव 3. सांस 4. ऐसी जगह जहाँ न पत्तियां हों न कोई गीत आवाज हो 5. चेहरे से पहचाने हुए

57

कहते हैं इश्क़ को सब इक रोग है बला है
आलम पे छा रहा है ये तुर्फ़ा[1] माजरा है

जब तू ही इब्तिदा[2] है जब तू ही इंतिहा[3] है
फिर मौत ओ ज़ीस्त क्या है क्या मा–ओ–मासिवा[4] है

है ज़ख़्मे दिल भी तू ही, ज़ख़्मे जिगर भी तू ही
ख़ुद दर्द भी है तू ही, ख़ुद दर्द की दवा है

अब तू ही ख़ुद बता दे क्या कोई तुझसे माँगे
जब तू ही आरज़ू है जब तू ही मुद्दआ[5] है

सदक़े तेरे सितम के, कुर्बान दिलदिही[6] के
हंस–हंस के पूछते हो, नाशाद क्या हुआ है

1951 ई.

---

1. अजीब, विचित्र 2. आरम्भ 3. अंत 4. जो है भी और नहीं भी है 5. गरज, आशय, स्वार्थ
6. सांत्वना

58

तुम पूछ के हाल क्या करोगे
मेरे दुख की दवा करोगे?

तुम और जफ़ा को तर्क कर दो!
बहलेगा न दिल तो क्या करोगे

कुछ सोच के दिल दिया था तुमको
मालूम न था जफ़ा करोगे

जिस तरह भी है गुज़र रही है
तुम पूछ के हाल क्या करोगे

हाज़िर है, तुम्हें पसंद है दिल
हाँ ये तो बताओ क्या करोगे

तुम सई[1] करो हज़ार नाशाद
बिगड़ी किस्मत को क्या करोगे

1951 ई.

---

1. प्रयत्न, पराक्रम, सलीका

59

फ़िज़ा बदले हवा बदले मकाँ बदले ज़माँ[1] बदले
ज़रा तुम मुस्कुरा तो दो, कि रंगे आसमाँ बदले

न फूलों में वो बू बाक़ी न तारों में ज़िया[2] बाक़ी
निगाहे-नाज़[3] क्या बदली ज़मीन ओ आसमाँ बदले

कहो तो कुछ मिला भी जाँनिसारों पर सितम करके
न कुछ हासिल हो जिससे, अब वो तर्ज़े इम्तिहाँ बदले

वही हम हैं वही नाकामियाँ हैं और वही ग़म है
न दौरे आसमाँ बदला, न दौरे आसमाँ बदले

ख़ुदा क्या और बुत क्या, दैर-ओ-काबा[4] क्या कलीसा[5] क्या
नज़र आए तुम्हीं नाशाद को नाम ओ निशाँ बदले

1951 ई.

---

1. संसार, काल या समय 2. प्रकाश, रोशनी 3. प्रेयसी की नजर 4. मंदिर और मस्जिद 5. गिरजाघर

60

देख वो आया, देख वो आया
यही कह-कह के दिल को बहलाया

तर्के उल्फेत भी बस की बात नहीं
दिल को हर चंद हमने समझाया

ऐ ग़मे-यार पूछता क्या है
क्या कहें तुझ में हमने क्या पाया

कोई क्या कहता, ज़िंदगी का राज़
सांस भी तो न कोई ले पाया

यूं तो लाखों हसीन थे लेकिन
जाने क्यों दिल को तू पसंद आया

क्या कहें, क्या बताएँ, अब नाशाद
दिल लगा कर किसी से क्या पाया

1951 ई.

61

दुनिया दिलकश और हसीं है
झूठ नहीं तो सच भी नहीं है

उन के लब पर एक नहीं है
उन की बात का फिर भी यक़ीं है

ग़म भी सहना, शाद भी रहना
सहल नहीं है, सहल नहीं है

हम क्या हैं? ये दुनिया क्या है
तेरे सिवा जब कोई नहीं है

पूछ न अब नाशाद का आलम
ख़ाकनशीं[1] है, गोशा-गुज़ीं[2] है

1952 ई.

1. धरती पर बैठने वाला 2. फकीर

62

अब करे भी इलाज क्या कोई
ज़हरे-ग़म की नहीं दवा कोई

इश्क है हुस्न से जुदा कोई
अब बताये किसी को क्या कोई

क्या कहा आप कौन हैं, अच्छा
भूल जाता है यूँ भी क्या कोई

कब है राज़-ओ-नियाज़[1] से फ़ुर्सत
सोचे अंजामे-इश्क़ क्या कोई

हाले दिल उनसे कह तो दें नाशाद
कहने सुनने से फायदा कोई

1952 ई.

1. प्रेम में अन्तरंग वार्तालाप

63

कहाँ लहराई ज़ुल्फ़े-अंबरी[1] आज
मशामे-जाँ[2] है निकहत-आफ़रीं[3] आज

तसव्वुर में है कौन ऐसा हसीं आज
कि ज़हरे-ग़म भी है क़ैफ-आफ़रीं[4] आज

निगाहे नाज़[5] जाने कह गई क्या
मिजाज़े इश्क मिलता ही नहीं आज

नसीम ऐसी शमीम अंगेज़[6] कब थी
ये है बू-ए-ज़ुल्फ़े अंबरीं[7] आज

न जाने कह गये हम क्या जुनूँ में
नहीं उठती निगाहें नुक्ताचीं[8] आज

तसव्वुर है तुम्हारा और तुम हो
दिले नाशाद में कोई नहीं आज

1953 ई.

---

1. सुगंधित केश 2. शरीर की सुगंध, यहाँ आशय जीवन के महका देने से है 3. सुगंध को बढ़ाने वाला 4. आनंद वर्धक 5. प्रेयसी का कटाक्ष 6. सुगंध भरी 7. महकती हुई ज़ुल्फ़ 8. दोष निकालने वाली

64

रगो-पै[1] में उतर जाये तो किस्सा पाक हो जाये
समझते हैं जिसे हम ज़हर-ए-ग़म तिर्याक़[2] हो जाये

अभी एक साँस बाकी है जो रह रह कर खटकती है
ये काँटा भी निकल जाये, तो किस्सा पाक हो जाये

अभी क्या है अभी दिल में धुआँ सा उठता रहता है
मज़ा जब है कि सोज़े[3] ग़म से जल कर ख़ाक हो जाये

सबक फूलों से ले ऐ हँसने वाले सहन-ए-गुलशन में
कहीं ऐसा न हो हँसते ही सीना चाक हो जाये

बहुत ही शोख़ है यूँ ही दिले नाशाद, रहने दो
न छेड़ो तुम उसे ऐसा न हो बेबाक हो जाये

1953 ई.

---

1. सारा शरीर, नस और धमनियाँ, नस नस में 2. विष नाशक 3. अग्नि

65

गिरे बिजली न सर पर आसमाँ से
नज़र आते हैं वो कुछ मेहरबाँ से

वो फुरसत आह अब लाऊँ कहाँ से
कि जब वाकिफ़ न था दिल ईं-ओ-आँ[1] से

कभी बन जायेगा ये मशअले-राह[2]
तवक़्क़ो[3] है यही सोज़े निहाँ[4] से

वफ़ा क्या है वफ़ा कहते हैं किसको
कभी पूछेंगे अपने मेहरबाँ से

ज़माना मुझ को क्या-क्या कह रहा है
कहो तुम भी तो कुछ अपनी जुबाँ से

अभी से नाला-ओ-फरियाद[5] नाशाद
गुज़रना है अभी और इम्तिहाँ से

1954 ई.

---

1. इधर उधर की बातें या चीजें 2. रास्ते की रोशनी या राह बताने वाला 3. आशा, उम्मीद 4. अन्दर की आग, छुपी हुई जलन 5. रोना गिडगिड़ाना

66

दिले नादाँ न हो अब शादमाँ[1] और
नज़र आता है रंगे आसमाँ और

निगाहे नाज़ उठी फिर दिल की जानिब
अभी मद्देनज़र[2] है इम्तिहाँ और

बुरा हो क्यों वफ़ा का ज़िक्र आया
तुम्हें होने लगा है कुछ गुमाँ और

नहीं मुश्किल हमें तो जान देना
न हो जाये कहीं तुम को गुमाँ और

तड़पने का अभी है दिल में अरमाँ
सितम कुछ और अभी ऐ मेहरबाँ और

न पूछ क्यों जिये जाता है नाशाद
अभी बाकी है शायद इम्तिहाँ और

---

1. प्रसन्न 2. विचाराधीन

67

कौन कहता है बहारे गुलिस्ताँ देखा किये
उम्र भर हम तो निगाहे बाग़बाँ[1] देखा किये

क्या बतायें किस तरह गुज़री अज़ीज़ाने चमन
बिजलियों की ज़द में अपना आशियाँ देखा किये

अपने ख़ूने दिल से सींचा हमने गुलज़ारे जहाँ
गुलिस्ताँ वालों को फिर भी बदगुमाँ देखा किये

आज तक होता रहा नाशाद अरमानों का ख़ून
ज़िन्दगी को वक़्फे[2] सई-ए-रायगाँ[3] देखा किये

1. माली 2. दो कामों के बीच में ठहराव का समय 3. व्यर्थ की कोशिश, निष्फलप्रयास

68

हो रहे हैं किसी से राज़ो-नियाज़[1]
आज़ है इश्क़ का अजब अंदाज़

बाद मुद्दत के किसी ने याद किया
आज़ है इश्क़ का अजब अंदाज़

शिकवा-ए-संजे-हयात[2] हो नाशाद
आये जीने के भी तुम्हे अंदाज़

1954 ई.

1. प्रेम में अन्तरंग वार्तालाप 2. जिन्दगी से शिकायत करने वाला

69

मोहब्बत का यहाँ सौदा गराँ[1] है
दिले नादाँ ये बाज़ारे जहाँ है

कहे क्या कोई अपना हाल तुमसे
तुम्हे तो बात भी सुनना गराँ[2] है

न पूछो मुद्दाये दिल न पूछो
निकल जाये न कुछ मुँह में ज़बाँ है

समझती है जिसे आज़ार[3] दुनिया
वही आज़ारे-दिल आरामे-जाँ है

हमारा तज़्किरा[4] आया तो बोले
न जाने अब वो दीवाना कहाँ है

न जाने कब से सरगर्म-ए-सफ़र[5] हूँ
न मज़िल है न मंज़िल का निशाँ है

न छेड़ अब ऐ नसीम-ए-सुबहग़ाही[6]
दिले नाशाद इस क़ाबिल कहाँ है

1954 ई.

---

1. महंगा 2. मुश्किल 3. रोग, विपत्ति 4. जिक्र 5. सफर में व्यस्त, चलने में तल्लीन, 6. सुबह की शीतल मंद सुगंधित हवा

70

नासेह जो कहीं आपका दिल आये तो क्या हो
फिर यूँ ही कोई आप को समझाये तो क्या हो

छुप छुप के झलक अपनी दिखाते तो हो लेकिन
दीवानगी-ए-शौक़ जो बढ़ जाये तो क्या हो

मानो भी कहा हाथ न रक्खो मेरे दिल पर
बेताबी-ए-दिल और भी बढ़ जाये तो क्या हो

जब परदा पड़ा है तो मिटा जाता है आलम
परदा कहीं चेहरे से जो उठ जाये तो क्या हो

सुनते हो बड़े ग़ौर से अफ़साना-ए-नाशाद
मशहूर ये अफ़साना जो हो जाये तो क्या हो

1954 ई.

71

दिल को जब तक लगी नहीं होती
ज़िन्दगी ज़िन्दगी नहीं होती

कुछ बता तू ही अब निगाहे-करम
दर्द में क्यों कमी नहीं होती

आरज़ू कोई बर नहीं आती
क़त्अ उम्मीद भी नहीं होती

सई-ए-तस्कीन[1] हज़ार करता हूँ
दिल को तस्कीन ही नहीं होती

है ज़माना ज़मानासाज़ी[2] का
बात हमसे यही नहीं होती

उनसे होने को बात होती है
बात दिल की कभी नहीं होती

उनसे नाशाद क्या नहीं होता
इक मेरी दिलदिही[3] नहीं होती

1954 ई.

---

1. तसल्ली देने का प्रयत्न 2. दुनियादारी 3. सांत्वना

नोटः- मिसरा सानी हज़रत जिगर बरेलवी के मिसरे से लड़ गया और मेरा मतला और उनके शेर का मफहूम भी करीब-करीब एक है। उनकी ग़ज़ल मेरी नज़र से नहीं गुज़री थी, जब उन्होंने देखा तो तहरीर फरमाया "तवारिद है, छोटी बहरों में ऐसा हो ही जाता है - मतला बदस्तूर रहने दिया जाये" और अपना हस्बे ज़ैल शेर भी लिख दियाः

दिल न जब तक हो एक शोला-ए-इश्क़
ज़िन्दगी, ज़िन्दगी नहीं होती

72

जिसे देखो उन्हीं का हमज़बाँ[1] मालूम होता है
ज़माना हम से शायद बदगुमाँ मालूम होता है

जिसे भी देखता हूँ मुद्दई[2] है रहनुमाई का
हर एक गुमराह मीरे कारवाँ[3] मालूम होता है

जला कर आशियाँ गर बागबाँ खुश है तो होने दो
हमें हर शाख़ पर अब आशियाँ मालूम होता है

दिले नादाँ को अब तक है जफ़ा ओ जोर[4] का शिकवा
अभी सरगश्त-ए सूद-ओ-जियाँ[5] मालूम होता है

फ़रेब-ए-शौक़ है, जोशे जुनूँ है या हक़ीक़त है
जहाँ सारा किसी का आस्ताँ मालूम होता है

मिला नाशाद हमको इश्क़ में जो दाग़े नाकामी
वही अब हासिले उम्रे-रवाँ[6] मालूम होता है

1954 ई.

---

1. एक ही भाषा बोलने वाला 2. चाह रखने वाला 3. कारवाँ का मुख्य संचालक
4. अत्याचार 5. लाभ और हानि से परेशान 6. गुजरती हुई जिन्दगी

73

नज़र से मेरी छुपोगे कहाँ-कहाँ कब तक
ये परदा फ़लक-ओ-माह ओ गुलिस्ताँ कब तक

गुनहगारे मुहब्बत तो जल के ख़ाक हुये
उठेगा आतिशे दोज़ख़ से अब धुआँ कब तक

शराबे नाब[1] है ज़ाहिद शराबे नाब है ये
मज़े की चीज़ है पी जा चुनीं-चुनाँ[2] कब तक

ये तुझसे किस ने कहा कुछ बता तो किसने कहा
पयामबर[3] वो यहाँ आयेगें यहाँ कब तक

कदम कदम पे हैं ज़िन्दाने-ग़म[4] मआज़-अल्लाह[5]
बना करेंगे ज़मीं पर ये आसमाँ कब तक

ये हमने माना वो नाज़ुक मिज़ाज हैं नाशाद
मिलाये जाओगे तुम उनकी हाँ में हाँ कब तक

1959 ई.

---

1. उत्तम मदिरा 2. आपत्ति करना, करूँ न करूँ की स्थिति 3. सन्देश ले कर आने वाला 4. दु:ख के कैदखाने 5. खुदा बचाये

74

मान जाओ कभी किसी की बात
कुछ तो कर लो तलाफ़ी-ए-माफ़ात[1]

दी भी शगले गुनाह ने फुरसत
कौन करता तलाफ़ी-ए-माफ़ात

कभी सोचा भी मौत के तालिब[2]
ये भी निकली अगर अदाये हयात

हम कहें कुछ वो और कुछ समझें
क्या सुनाएं किसी को दिल की बात

हम कहें और हाले दिल उनसे
क्यूँ बिगाड़ें बनी बनाई बात

कभी देखा है उन निगाहों को
पूछता क्या है राज़-ए-मर्ग-ओ-हयात[3]

सब यहाँ ज़िन्दगी पे मरते हैं
एक मैं ही हूँ शिकवासंज-ए-हयात[4]

कोई रुकता है कोई बढ़ता है
अल्ला अल्लाह जज़रो-मद्दे-हयात[5]

1960 ई.

---

1. पूर्व में किये अनुचित कृत्यों की क्षतिपूर्तियां परिहार 2. इच्छुक, मांगने वाला 3. जीवन और मृत्यु का रहस्य 4. जिन्दगी से शिकायत करने वाला 5. जीवन के चढ़ाव उतार

75

वो जवानी नहीं वो बात नहीं
दिन भी अब वो नहीं वो रात नहीं

किसको बेगानगी का शिकवा है !
हमीं शायान-ए-इल्तिफ़ात[1] नहीं

नहीं उन पर भी इख़्तियार कोई
तर्के-उल्फ़त[2] भी बस की बात नहीं

ध्यान में वो न लायें बात है और
याद आयें न हम, यह बात नहीं

सारी दुनिया उलट गयी दिल की
आप कहते हैं कोई बात नहीं

हाले नाशाद सुन के फ़रमाया
यूँ भी होता है कोई बात नहीं

1960 ई.

1. हैसियत के अनुरूप मेहरबानी 2. प्रेम करना बंद करना

76

बन्दापरवर ये इल्तिफ़ात[1] है क्यूँ ?
कुछ नयी सी यह आज बात है क्यूँ ?

जब नहीं मुझसे वास्ता कोई
तेरा ग़म शामिले हयात है क्यूँ

किसको शिकवा है कम निग़ाही का
निग़हे यार इल्तिफ़ात है क्यूँ

याद क्यूँ ख़ाकसार की आयी
आज तम्हीदे[2] इल्तिफ़ात है क्यूँ

महर–ओ मह[3] को दिखाई किसने आँख
सहमी सहमी सी कायनात है क्यूँ

चश्मे साक़ी को क्या नहीं देखा
फ़िक्रे–उक़्बा[4] ग़मे निज़ात है क्यूँ

ये भी नाशाद देन है उस की
शिकवासंज–ए–हयात[5] है क्यूँ

1961 ई.

---

1. मेहरबानी, कृपा 2. भूमिका, प्रारंभ 3. सूरज और चाँद 4. कयामत के बाद की फ़िक्र, परलोक की चिंता 5. जिन्दगी से शिकायत करने वाला

77

मैं ही तस्वीरे रंज-ओ-यास[1] नहीं
कौन है जो यहाँ उदास नहीं

आप भी कब हुए करमफ़र्मा[2]
जब तमन्नाए इल्तिमास[3] नहीं

बर्क़[4] रह रह के क्यूँ तड़पती है
हमकफ़स[5], आशियाँ तो पास नहीं?

दिल अज़ल[6] से निसार है उस पर
आज तक जिससे रूशनास[7] नहीं

दिल गया रौनके बहार गयी
अब गुलों में वो बोदा-बास[8] नहीं

आतिशे- गुल[9] है बर्क़-ओ-बाराँ[10] है
इस चमन की हवा ही रास नहीं

दिल ही रह रह के चौंक उठता है
वर्ना कोई भी आस पास नहीं

---

1. दु:ख और निराशा 2. मेहरबान, मित्र 3. विनती, प्रार्थना 4. सौदामिनी, बिजली 5. साथी बंदी 6. अनादि काल 7. परिचय, पहचान 8. भीनी सुगंध 9. फूलों की अग्नि 10. सौदामिनी और वर्षा

तुम पिलाओ तो ज़हर भी पी लें
वर्ना हम ऐसे बदहवास नहीं

अपना हाल उनसे कहते हो नाशाद
इश्क़ की आबरू का पास[1] नहीं

1961 ई.

---

1. लिहाज

78

कट गयी बेख़ुदी के आलम में
कैफ़[1] सा कैफ़ था शबे ग़म में

कौन सुनता है दर्द की आवाज़
मस्त हैं सब ख़ुशी की सरगम में

अभी होता है दर्द का अहसास
अभी है कुछ कमी तपे ग़म[2] में

शोला-ए-हुस्न अगर भड़क उठ्ठा
आग लग जायेगी दो आलम में

यादग़ारे शबाब ओ जज़्बा-ए-शौक़[3]
चँद क़तरे हैं चश्मे पुर नम[4] में

ज़िन्दगी, ख़ैर कट ही जायेगी
कुछ तेरी याद कुछ तेरे ग़म में

वो भी सुनते हैं ग़ौर से नाशाद
जाने क्या है फसाना-ए-ग़म में

1961 ई.

---

1. आनंद, सुरूर 2. दुःख का ताप 3. तीव्र अभिलाषा की भावना 4. भीगी पलकें, अश्रु पूरित आंखें, शीतल मंद हवा

79

मुदावाये-ग़म[1] पिन्हाँ[2] नहीं है
कहीं इस दर्द का दरमाँ[3] नहीं है

ग़मे जानाँ[4] बहुत मुश्किल है लेकिन
ग़मे दौराँ[5] भी कुछ आसाँ नहीं है

कहो क्या हाल है वो पूछते हैं
ज़बाँ खुलना भी अब आसाँ नहीं है

ये मैख़ाना है, मैख़ाना है वाइज़[6]
यहाँ गुंजाईशे ईमाँ नहीं है

ये माना है बहुत दुश्वार जीना
मगर मरना भी कुछ आसाँ नहीं है

मुबारक ज़ाहिदों[7] को हूर-ओ-जन्नत
ये मेरा हासिले ईमाँ नहीं है

कहाँ ले जाएँ अपना दिल बचा कर
कहाँ वो फ़ितना-ए-दौराँ[8] नहीं है

---

1. गम का उपचार 2. गुप्त, छिपा हुआ 3. इलाज, उपचार 4. आत्मिक दु:ख 5. सांसारिक क्लेश 6. धर्मोपदेशक 7. संयमी 8. सांसारिक मुसीबतें

सुलझना इश्क़ की गुत्थी का मालूम
ये तेरी काकुले पेंचाँ[1] नहीं है

बहुत अपनी सी की नाशाद लेकिन
जुनूने इश्क़ का दरमाँ[2] नहीं है

1961 ई.

---

1. उलझी हुई लटें 2. उपचार, इलाज

80

नज़र आता है उसका ज़लवा सा
या है ये भी नज़र का धोका सा

लुत्फ़े शब हाय हिज्र[1] क्या कहिये
कोई देता रहा दिलासा सा

देख पाता है कौन जलवा-ए-यार
डाल देता है हुस्न पर्दा सा

ज़िन्दगी क्या थी कुछ नहीं मालूम
ख़्वाब देखा था एक उचटता सा

यास[2] ओ उम्मीद की कशाकश[3] में
रोज़ होता रहा तमाशा सा

हाले नाशाद देख कर बोले
हो गया है इसे तो सौदा[4] सा

1961 ई.

1. विरह 2. निराशा 3. संघर्ष 4. पागलपन

81

क़ाबिले दीद[1] वो समाँ होगा
जब मुहब्बत का इम्तिहाँ होगा

जब कभी अपना बागबाँ[2] होगा
और ही रंगे गुलिस्ताँ होगा

कट गयी उम्र तेरे वादों पर
कोई तुझ सा भी ख़ुशबयाँ[3] होगा

जान देना तो कोई बात नहीं
आप को और कुछ गुमाँ होगा

यही जादूबयानियाँ[4] हैं तो फिर
आपसे कौन बदगुमाँ होगा

अब हवा-ए-चमन बता तू ही
कभी अपना भी बागबाँ होगा

आज कहते हैं दाग़े दिल जिसको
कल यही ज़ेबे-दास्ताँ[5] होगा

ऐ वफ़ा-आज़मा[6] बता तो सही
उम्र भर यूँ ही इम्तिहाँ होगा

---

1. देखने योग्य 2. माली 3. मधुरभाषी 4. मोहित करने वाली बातचीत 5. कहानी की शोभा बढ़ाने वाला 6. वफा की परीक्षा लेने वाला

हश्र[1] सा हश्र है बपा[2] हर दम
और क्या ज़ेरे-आसमाँ[3] होगा

याद नाशाद की भी आएगी
ज़िक्र तेरा जहाँ जहाँ होगा

1961 ई.

---

1. आफत 2. उपस्थित 3. आकाश के नीचे

82

ये माना हाले दिल अच्छा नहीं है
पशेमाँ[1] आप हों ऐसा नहीं है

हिजाब[2] आने लगा तुम को अभी से
यहाँ जी भर के भी देखा नहीं है

उन्हें हर बार हम यूँ देखते हैं
कि जैसे आज तक देखा नहीं है

रहे उल्फ़त में जाने क्या क़शिश है
कदम उठ कर कभी रुकता नहीं है

मआज़-अल्ला[3] नैरंगे-ज़माना[4]
वो देखा है कि कुछ देखा नहीं है

नहीं मालूम है तेरी रज़ा क्या
तेरे तेवर कोई समझा नहीं है

कभी देखो तो तुम रंगे तबाही
ये क्या है? रौनक़े दुनिया नहीं है

बहुत जी चाहता है देखने को
बहुत दिन से तुम्हें देखा नहीं है

1962 ई.

1. लज्जित 2. लाज, संकोच 3. खुदा बचाये 4. जमाने के रंग, उतार चढ़ाव

83

शायद उल्फ़त का अब तो ढंग आया
ख़ूने दिल पी के रुख़ पे रंग आया

बात करने चले हो तुम किस से
बात करने का तुम को ढंग आया

दिल लगाने को दिल लगाया तो
जी से गुज़रे मगर न ढंग आया

इन गुलों में कहाँ से बादे-बहार[1]
ये नज़ाकत, ये बू, ये रंग आया

अर्ज़े नाशाद पर कहा हँस कर
न सलीका न तुम को ढंग आया

1962 ई.

1. वसंत ऋतु

84

है मुहब्बत का कुछ अजब दस्तूर
हम भी मजबूर आप भी माजूर[1]

बंदापरवर ज़बाँ न खुलवाओ
कौन मुख़्तार[2] कौन है मजबूर

आ रहा है ख्याल दुनिया का
साक़िया, साग़रे-मय[3] पुरनूर[4]

है ज़माना ज़माना-साज़ों[5] का
है ज़माने का कुछ अजब दस्तूर

कुछ तो कह चारासाज़[6] क्या देखा
रंग चेहरे का हो गया काफ़ूर

शायरी से गरज़ हमें नाशाद?
यूँ ही लोगों ने कर दिया मशहूर

---

1. विवश 2. अधिकार प्राप्त, स्वतंत्र 3. मदिरा का प्याला 4. प्रकाश से भरा हुआ 5. धूर्त, दुनियादार 6. उपचारक, मित्र

85

भागी जाती नहीं है रात अभी
बैठ जाओ सुनो तो बात अभी

कोई भी अपने आस पास नहीं
कर रहा था ये कौन बात अभी

ऐतबार-ए-करम नहीं किसको
याद हैं चन्द सानिहात[1] अभी

मेहरबाँ होंगे और वो हम पर
वही दीवानों की सी बात अभी

ख़ुद पसंदी का दौर है नाशाद
कौन समझेगा तेरी बात अभी

1962 ई.

---

1. दुखद घटनाएं

86

अब तो वो माइल-ए-ज़फा[1] भी नहीं
दिल मेरा उनको भूलता भी नहीं

निग़हे-नाज़[2] कह गयी सब कुछ
और कहने को कुछ कहा भी नहीं

कौन लायेगा ताबे लुत्फ़ ओ करम
दिल तो शाइस्ता-ए-ज़फा[3] भी नहीं

याद तो तेरी ख़ैर क्या करते
भूल ही जाते ये हुआ भी नहीं

जाने क्यूँ जी रहे हैं अहले वफ़ा[4]
आसरा सा कुछ आसरा भी नहीं

यूँ तो पीता नहीं कभी नाशाद
तुम पिलाओ तो पारसा[5] भी नहीं

---

1. अत्याचार के प्रति आकर्षण 2. प्रेयसी की नजर 3. अत्याचार के योग्य 4. वफ़ा करने वाले 5. संयमी, मदिरापान न करने वाला

87

है अभी हुस्ने इल्तिफ़ात[1] वही
तुम वही हो अभी है बात वही

लब तक आ कर जो रह गयी हर बार
कह न पाए हम उनसे बात वही

गर्दिशे आसमाँ मआज़-अल्लाह[2]
है मगर रंगे कायनात[3] वही

मौत जिसको मिटा के हाथ मले
आदमी है वही हयात वही

क्या सुनायें करोगे क्या सुन कर
दिलशिकन[4] चन्द सानिहात[5] वही

हूँ अज़ल[6] से रवाँ दवाँ[7] लेकिन
है मगर मंज़िले हयात वही

काँप उठता हूँ सोच कर जिसको
छेड़ दी तुमने आज बात वही

दाग़े दिल जो हमें मिला नाशाद
ज़िन्दगी की है कायनात वही

1962 ई.

---

1. मेहरबानी 2. खुदा बचाये 3. दुनिया 4. दिल तोड़ने वाले 5. दुखद घटनाएं 6. अनादि काल
7. वेग से बहता या जाता हुआ

88

एक आलम यूँ ही नहीं गुम सा
नज़र आता है कोई भी तुम सा

जाने क्या कह गयी वो नीची नज़र
ज़िन्दगी में है कुछ तलातुम[1] सा

आज क्या फिर किसी का दिल टूटा
है फ़िज़ाओं में कुछ तरन्नुम[2] सा

हाले दिल अब सुनाये क्या कोई
तुम ने तो मिल के कर दिया गुम सा

मर मिटे, ख़ाक हो चुके हम, आह
आप को फिर भी है तवह्हुम[3] सा

लबकुशा[4] कौन ये हुआ नाशाद
है फ़िज़ाओं में फिर तरन्नुम सा

---

1. तूफान 2. संगीत 3. भ्रम, शक 4. बात करता हुआ

89

साफ़ छुपते नहीं अयाँ[1] भी नहीं
बू-ए-गुल की तरह निहाँ[2] भी नहीं

जाने क्यों फ़िक्रे बर्क़-ओ-बाराँ[3] उन्हें
अब तो गुलशन में आशियाँ भी नहीं

अब ख़िज़ाँ आये या बहार आये
अब तो दामन में धज्जियाँ भी नहीं

दिल के जाने का गो नहीं है मलाल
शादमाँ[4] हम हों, शादमाँ भी नहीं

माइले जोर[5] भी नहीं है वोह
मेहरबाँ हों तो मेहरबाँ भी नहीं

था जो एक लुत्फ़े इम्तिहाँ, न रहा
अब तो वो हम से बदगुमाँ भी नहीं

पूछते हैं वो, कुछ कहो नाशाद
याद क्या दिल की दास्ताँ भी नहीं ?

1962 ई.

---

1. प्रत्यक्ष, स्पष्ट दिखना 2. छुपी हुई 3. बिजली और वर्षा 4. प्रसन्न 5. अत्याचार करने की रूचि या आकर्षण

90

सलामत है हमारा आशियाँ क्या
चमन से अब नहीं उठता धुआँ क्या

बताओ है तुम्हें आख़िर गुमाँ क्या
ये सौ-सौ बार मेरा इम्तिहाँ क्या

बनायेंगे चमन में आशियाना
ज़रा देखें करेगा बागबाँ[1] क्या

हमारे दिल से उठता है धुआँ क्यूँ
किसी का जल रहा है आशियाँ[2] क्या

बहुत बेरब्त[3] है दिल की कहानी
सुनाएँ तुम को अपनी दास्ताँ क्या

जिन्हें है ख़ौफ़े बर्क़-ओ-बाद[4] नाशाद
बनायेंगे चमन में आशियाँ क्या

1963 ई.

---

1. माली, बाग का रक्षक 2. घर 3. असम्बद्ध, बेढंगी 4. बिजली गिरने से नष्ट होना

91

हम सो गये जो बाग़े जहाँ की हवा लगी
जागे न उम्र भर जो यहाँ की हवा लगी

कूचे में उसके जाने को बेताब है बहुत
ख़ानाख़राब[1] दिल को वहाँ की हवा लगी

बस एक दिल ही महरम-ए-राज़-ए-हबीब[2] है
किसको वगरना राज़े निहाँ[3] की हवा लगी

नाशाद तेरे चेहरे का क्यूँ रंग उड़ गया
ऐ ख़ाना ख़राब कहाँ की हवा लगी

1963 ई.

---

1. अभागा 2. अन्तरंग मित्र का राजदार 3. छुपा हुआ रहस्य

92

हो लुत्फ़–ओ–इल्तिफ़ात[1] कि जोर–ओ–जफ़ा[2]–ए–दोस्त
वो भी अता–ए–दोस्त[3] है ये भी अता–ए–दोस्त

दिल जब से हो गया है सितम आशना–ए–दोस्त
आती नफ़स नफ़स से है बू–ए–वफ़ा–ए–दोस्त

माना हरीमे–नाज़[4] बहुत दूर है मगर
है हर कदम पे राहनुमा[5] नक़्शे–पा–ए–दोस्त[6]

देखा कभी किसी को तड़पते हुए अगर
बेइख़्तियार दिल ने पुकारा कि हाय–दोस्त

लबरेज़ ग़म कभी, कभी सरशार ए बेख़ुदी
दिल है शहीद–ए–नाज़ ओ कतीले अदाये–दोस्त

महकी हुई शमीम[7] से है कायनात–ए–इश्क़
अंबर–फ़िशाँ[8] है हल्का–ए–जुल्फ़े–दुता–ए–दोस्त[9]

नाशाद तेरी उम्र ने माना वफ़ा न की
सुन तो सही कि कहती है क्या क्या वफ़ा–ए–दोस्त

---

1. मेहरबानी का आनंद 2. अन्याय और अत्याचार 3. दोस्त की दी हुई 4. प्रेमिका का घर 5. पथप्रदर्शक 6. दोस्त के पद्चिन्ह 7. सुगंध 8. अंबर की सुगंध वाला 9. प्रेमिका के घने दोहरे केश

93

न पूछो इश्क़ में जो अपने दिल का हाल रहा
ब-रंगे-ए-सब्ज़ा[1] बेगाना पाएमाल[2] रहा

हज़ार ज़ब्त किया, इश्क़ ज़ब्त हो न सका
कभी ख़ुशी, कभी सौदा[3], कभी मलाल रहा

बताएं अब तुम्हें क्या, किस्सा मुख़्तसर ये है
जिये तो हिज्र[4] में लेकिन ख़राब हाल रहा

करम नहीं न सही, जोर में कमी न रही
ज़हे नसीब, हमारा तुम्हें ख़याल रहा

तुम्हारी जुम्बिश-ए-लब[5] से बदल गयी दुनिया
मगर ख़राब-ए-मुहब्बत ख़राब हाल रहा

गुनाह कर के मज़ा क्या उसे मिला नाशाद
तमाम उम्र जिसे खौफ़ ओ इन्फ़िआल[6] रहा

1963 ई.

1. घास का हरा रंग 2. पद दलित 3. पागलपन 4. विरह 5. होठों का हिलना 6. लज्जित होना, शर्मिंदा होना

94

मोहब्बत वो करे वो दिल लगाये
जो अपनी जान ही पर खेल जाये

जो चाहे पार करना बहर-ए-उल्फ़त[1]
वो अपने खून से पहले नहाये

तुझे शिकवा है ये तू हँस न पाया
मगर वो जो कभी रोने न पाये

यही कहती है बज़्मे यार में शमा
जिसे जीना हो पहले सर कटाये

बुझा डाले ज़माने की हवा ने
दिये उम्मीद ने लाखों जलाये

जहाँ पर सर के बल चलना पड़ा है
मोहब्बत में मक़ाम ऐसे भी आये

किये जा ज़िक्र उसका याद उसकी
पलट कर सांस फिर आये न आये

नज़ाकत का भला हो उनकी नाशाद
तसव्वुर[2] में भी वह गाहे[3] न आये

1963 ई.

---

1. प्रेम सागर 2. ख्याल, ध्यान 3. कभी

95

दावँ पर दिल को लगा कर देख होना हो सो हो
अपनी क़िस्मत आज़मा कर देख होना हो सो हो

सू-ए-क़ातिल[1] मुस्कुरा कर देख होना हो सो हो
मौत से आँखे लड़ा कर देख होना हो सो हो

इश्क़ में सब कुछ गँवा कर देख होना हो सो हो
अपनी हस्ती भी मिटा कर देख होना हो सो हो

यह तो कहने को न रह जाये न कह पाये कभी
हाले दिल उनको सुना कर देख होना हो सो हो

इन हसीनो के हँसीं धोख़े मआज़-अल्लाह[2] मगर
ये हँसीं धोख़े भी खा कर देख होना हो सो हो

जलवा-ए-हुस्न-ए-अज़ल[3] बेताब है तेरे लिये
पर्दा-ए-दिल तू उठा कर देख होना हो सो हो

खौफ़ क्या है, वस्वसा[4] कैसा, तज़ब्जुब[5] किस लिये
मुझ को दीवाना बना कर देख होना हो सो हो

---

1. कातिल की ओर 2. खुदा बचाये 3. चिर सौंदर्य की स्मित 4. अनिष्ट की आशंका 5. असमंजस, ऊहापोह

अज़्मते दैर-ओ-हरम[1] पर सैकड़ों सज़दे निसार
उनसे पीछा तो छुड़ा कर देख होना हो सो हो

ताबे जलवा ला न पायेगा दिले नाशाद क्या
तू नक़ाब-ए-रुख़[2] उठा कर देख होना हो सो हो

1963 ई.

1. मंदिर व मस्जिद की शान 2. चेहरे पर पड़ा पर्दा

96

दिल में निगाहे नाज़[1] उतरती चली गयी
सरशार[2] कैफ़े इश्क़[3] से करती चली गयी

करती रही बराबर इशारे निगाहे नाज़
दुनिया-ए-हुस्न ओ इश्क़ संवरती चली गयी

वो मेरी बात सुन के बिगड़ते चले गए
दोशीज़गी-ए-हुस्न[4] निखरती चली गयी

शीराज़ा-ए-हयात[5] बिखरता चला गया
दिल में निगाहें यार उतरती चली गयी

नाशाद इस निगाह के कुर्बान जाइये
रंगे हयात ख़ाके में भरती चली गयी

1963 ई.

---

1. प्रेयसी का कटाक्ष, चितवन 2. मस्त, ऊपर तक भरना 3. प्रेम का आनंद 4. सौंदर्य का अल्हड़पन 5. जीवन की व्यवस्था

97

ज़िन्दगी बेसबात[1] कितनी है!
चन्द रोज़ा, हयात कितनी है

परतौ[2]-ए-हुस्न-ए-यार है वरना
दिल की कुल कायनात[3] कितनी है

दर्दे दिल उठ के तू बता दे जरा
पूछते हैं वो रात कितनी है

आदमी मर रहा है जीने को
इन्बिसाते हयात[4] कितनी है

बज़्मे दुनिया में आये और चले
दास्ताने हयात कितनी है

बात नाशाद की भी सुन लेते
एक जरा सी है बात कितनी है

1963 ई.

1. नश्वर, जो नष्ट हो जाने वाली हो 2. प्रतिच्छाया, प्रकाश 3. दुनिया 4. जीवन की खुशी

98

क्या कहें तुम से कैसी गुज़री है
जैसी गुज़री है अच्छी गुज़री है

आप क्यूँ इस कदर पशेमाँ[1] हैं
उम्र यूँ ही हमारी गुज़री है

हाले नाशाद देखते क्या हो
एक सी कब किसी की गुज़री है

1964 ई.

1. लज्जित

99

हुस्न है बरहम-कुन-ए-आलम[1] अभी
जुल्फ़-ए-जानाँ[2] में हैं पेंच ओ खम[3] अभी

किस के दम से महवे-शाने दो जहाँ
उड़ रहा है हुस्न का परचम[4] अभी

नाज़ इतना शादकाम[5]-ए-ज़िन्दगी
ज़िन्दगी के हैं यहाँ महरम[6] अभी

सुन के दिल अब और भी बेताब है
कह रहे थे आपसे कुछ हम अभी

तर्के उल्फ़त का है दावा आप को
आँख क्यूँ है आप की पुरनम अभी

---

1. आरम्भ से अस्त व्यस्त 2. प्रियतम के केश 3. उलझे हुए 4. झंडा, पताका 5. कामयाब 6. गम

100

मुझसे उनको हिजाब[1] भी तो नहीं
और वो बेनक़ाब भी तो नहीं

ढूंढती क्या है अब निगाहे करम
दिल में कुछ इज़्तिराब[2] भी तो नहीं

कहते हैं सब ख़राब है दुनिया
मगर इतनी ख़राब भी तो नहीं

ज़िन्दगी एक ख़्वाब है लेकिन
सर-ब-सर[3] एक ख़्वाब भी तो नहीं

चुप हैं सुन कर वो हाले दिल नाशाद
इस अदा का जवाब भी तो नहीं

1964 ई.

---

1. लज्ज़ा 2. बेताबी 3. पूरी तरह

101

आप के हुस्न का फ़साना है
आप हैं, आप का ज़माना है

सरफ़रोशी[1] ओ जाँनिसारी[2] क्या
ये तो एक रस्मे आमियाना[3] है

परतौ-ए-हुस्न-ए-यार[4] है हर सिम्त[5]
सारा आलम निगार ख़ाना[6] है

आप ही क्या, बदल गयी दुनिया
कैसा शिकवा, नया ज़माना है

मुझसे दारो-रसन[7] का ज़िक्र न कर
बुलहवस[8] अब नया ज़माना है

आग देता है बागबाँ किसको
हाय जालिम, यह आशियाना है

ग़मेजानाँ, ग़मे ज़माना भी
यही नाशाद का फ़साना है

1963 ई.

---

1. जान की बाजी लगा देने वाला 2. प्राण निछावर करना 3. आम लोगों जैसा 4. प्रियतम के सौन्दर्य की प्रतिच्छाया या प्रकाश 5. दिशा 6. चित्रशाला 7. फांसी की रस्सी, 8. लालची

102

इलाही कोई ऐसी रात होगी
कि हम से उन से खुल कर बात होगी

उन्हें जज़्बए मुहब्बत खींच लाये
हमारी कोई ऐसी रात होगी

सफ़र भी ज़िन्दगी का ख़त्म होगा
थके मांदे मुसाफिर रात होगी

दिले दीवाना तूने कह दिया क्या
वो क्यूँ बिगड़े हैं कोई बात होगी

यह बाज़ी इश्क़ की है हज़रते दिल
हसीनों से हमेशा मात होगी

कभी नाशाद अपने दिन फिरेंगे
कभी उस माहरू[1] से बात होगी

1964 ई.

---

1. चंद्रमुखी

103

है अज़ल से आज तक आलम वही
कोहे ग़म[1] है और सरे आदम वही

बदली बदली है निगाहे नाज़[2] क्यूँ
दिल वही है, तुम वही हो, हम वही

बोदाहोश[3] कहते हैं हुस्न को ज़हरे ग़म
है निशाते रूह ज़हरे ग़म वही

इन्क्लाबे दहर[4] से क्या हो सका
है वही ज़िन्दाने[5] ग़म, मातम वही

शाहिदे फ़ितरत[6] भी सुन कर झूम उठे
छेड़ दे मुतरिब[7] सरोदे ग़म वही

छिड़ गया था जो अज़ल[8] में साज़े ग़म
बज रही है आज तक सरगम वही

इश्क़ का दावा है अब तक आपको
हज़रते नाशाद हैं दम ख़म वही

1965 ई.

---

1. गमों का पहाड़ 2. प्रेयसी का कटाक्ष, चितवन 3. जिसके होश में कमी हो 4. दुनिया 5. कैदखाना 6. स्वभाव 7. गायक 8. अनादि काल

104

वो राज़े मुहब्बत क्या जाने जो इश्क़ का मारा जी न सका
वो रम्ज़-ए-मुहब्बत[1] क्या समझे जो ज़हरे मुहब्बत पी न सका

जो दर्द में राहत पा न सके वो दर्द की लज्ज़त क्या जाने
कमज़र्फ़[2] पपीहा चीख उठा चुप रह न सका मुंह सी न सका

इख़्फ़ाए[3] मुहब्बत हो न सका, कुछ बात छुपाये छुप न सकी
उनकी भी निगाहें उठ न सकीं मैं आँख के आंसू पी न सका

नाशाद नहीं अच्छा न सही, वो सब से बुरा है यूँ ही सही
जो चाहें कहें दुनिया वाले मुंह कोई किसी का सी न सका

1965 ई.

---

1. प्रेम के रहस्य 2. ओछा 3. छुपाना

105

दिल जो शाइस्ता[1]-ए-ज़फा न हुआ
लज्ज़ते ग़म से आशना न हुआ

तू कभी पास से जुदा न हुआ
दिल मगर सूरत आशना न हुआ

ज़िन्दगी का मज़ा वो क्या जाने
जिसको मरने का हौसला न हुआ

हमको शिकवा रहा जुदाई का
और तू पास से जुदा न हुआ

तुम से कहने से फायदा कोई
ख़ैर, जो कुछ हुआ बुरा न हुआ

सोचते ही रहे कहें, न कहें
ना हुआ अर्ज़े मुद्दआ न हुआ

याद करते हैं हुस्न ओ इश्क़ हमें
मर के भी ख़त्म सिलसिला न हुआ

दामे-उल्फ़त[2] में जो फंसा नाशाद
हो के आज़ाद भी रिहा न हुआ

1966 ई.

---

1. योग्य, पात्र 2. प्रेम जाल, प्रेम का बंधन

106

याद मेरी भी उन्हें मौजे सबा[1] है कि नहीं
तज़्किरा[2] मेरा बउन्वान-ए-वफ़ा[3] है कि नहीं

हूर ओ जन्नत का शबो रोज़ है चर्चा ज़ाहिद[4]
याद कुछ और भी ऐ मर्दे ख़ुदा है कि नहीं

मैं गुनहगारे मुहब्बत हूँ ये माना लेकिन
इसमें शामिल तेरा कुछ हुस्न-ए-अदा है कि नहीं

बेनियाज़ी[5] ओ तग़ाफ़ुल[6] जो कभी फ़ुर्सत दें
ये भी सोचो कि हमें तुमसे गिला है कि नहीं

जिसने मुझको तेरा दीवाना बना रखा है
याद तुझको भी वो अंदाज़-ए-हया है कि नहीं

सांस लेते रहें जीते रहें अर्बाबे वफ़ा[7]
मज़हबे इश्क़ में इतना भी रवा[8] है कि नहीं

---

1. मंद समीर की झोंके 2. जिक्र, चर्चा 3. वफा के शीर्षक के साथ 4. संयमी 5. उपेक्षा 6. बेपर्वाही 7. वफा करने वाले, प्रेमीजन 8. उचित, आसानी

107

माँगा था हमने और ही कुछ वो कहाँ मिला
किस्मत में अपनी था जो ग़म जाविदाँ[1] मिला

गुल सीना चाक लाला[2] का सीना था दाग़दार
रंगीनी-ए-बहार में रंगे ख़िज़ाँ[3] मिला

तेरे यहाँ तो लुत्फ़ ओ करम की कमी न थी
मेरा नसीब मुझ को ग़म जाँसिताँ[4] मिला

इंसानियत की रूह तड़पती हुई मिली
परदे में लुत्फ़ के सितम दोस्ताँ मिला

हर ज़र्रा कायनात का महवे-सजूद[5] है
तुझ को ज़बींने शौक[6] कोई आस्ताँ[7] मिला

सच सच बता कि बर्क़[8] से महफ़ूज़[9] है चमन
बादे सबा[10] चमन में मेरा आशियाँ मिला

नाशाद से तो हम मिलने को बारहा[11] मिले
वो रिन्दे मस्त[12] बेख़बरे दो जहाँ मिला

1966 ई.

---

1. सदा, हमेशा 2. लाल रंग का फूल, ट्यूलिप का फूल 3. पतझड़ 4. प्राण घातक, 5. सजदे में 6. जहाँ माथा झुकाने की अभिलाषा हो 7. चौखट 8. बिजली 9. सुरक्षित 10. शीतल मंद हवा 11. बार बार, प्रायः 12. मदहोश

108

दिल में हर दम धुआं सा उठता है
आग ऐसी लगी बुझा न सके

नाम क्यूँ ले वो इश्क़ ओ उल्फ़त का
ज़ेरे खंज़र जो मुस्कुरा न सके

गरचे एक उम्र महरूखों[1] में कटी
उनके तेवर समझ में आ न सके

क्या करे तेरी याद अगर न करे
हिज्र[2] में जिसको नींद आ न सके

यूँ ही हँसते नहीं हैं ज़ख्मे जिगर
शायद ऐसी बहार आ न सके

वो बनायेंगे खुल्द[3] दुनिया को ?
जो ज़फाओं[4] से हाथ उठा न सके

हम ने सब कुछ भुला दिया लेकिन
एक तेरी याद को भुला न सके

जाने क्यूँ उनकी झुक गयी नज़रें
आँख नाशाद से मिला न सके 1966 ई.

---

1. चाँद से चेहरे वाली 2. विरह 3. स्वर्ग 4. अत्याचार

109

इनायत[1], नवाज़िश[2], मदारात[3] होगी
कभी तो तलाफ़ी-ए-माफ़ात[4] होगी

कहा मैंने सुनते नहीं आप मेरी
तो बोले कि बे बात की बात होगी

दरे-मयकदा[5] छोड़ कर कौन जाये
हरम[6] में कहाँ ये मदारात होगी

सलामत रहो, खुश रहो, ता कयामत
किसे तुमसे फ़िक्रे मख़ाफ़ात[7] होगी

ये कहने की बातें हैं सब हज़रते दिल
वो पूछेंगे जब आपसे बात होगी?

मुझे देख कर मुस्करा के वो बोले
अभी बैठिये, आप से बात होगी

न बोलेंगे नाशाद से आप लेकिन
जो वो बात पर आ गया बात होगी

1967 ई.

---

1. मेहरबानी 2. अनुग्रह 3. आदर सत्कार 4. क्षतिपूर्ति, नुकसान की भरपाई 5. मधुशाला का द्वार 6. काबा, खुदा का घर 7. डर, आशंका

110

न तुम चीं–बर–जबीं[1] होगे, न होगे बदगुमाँ[2] देखें?
सुनोगे किस तरह फिर दर्दे दिल की दास्ताँ देखें ?

ताल्लुक लालो गुल से तो अब भी है मगर इतना
कफ़स[3] में रह के हम रंग बहारे बोस्ताँ[4] देखें

तजल्ली[5] दैर[6] की, अज़मत[7] हरम[8] की देखने वाले
कभी आयें इधर भी और उन का आस्ताँ[9] देखें

न पूछो कौन हैं हम, घर कहाँ है, मुद्दआ क्या है
मुसाफ़िर थे, चले आये, कि लुत्फ़े दोस्ताँ देखें

खुदा लगती तुम्हें कह दो, यही है दरसे आज़ादी[10]
कफ़स की तीलियाँ देखें, निगाहे बागबाँ देखें ?

दिले नाशाद की भी दास्ताँ उन को सुना देंगे
खुदा वो दिन तो लाये जब उन्हें हम मेहरबाँ देखें

1967 ई.

---

1. जिसके माथे पर नाखुशी के बल पड़े हों, अप्रसन्न 2. जिसके मन में किसी के प्रति संदेह हो 3. पिंजरा 4. बाग 5. प्रकट होना, दिव्य प्रकाश, तेज रोशनी 6. पूजा स्थल, 7. गौरव, चमत्कार 8. काबा, खुदा का घर 9. चौखट 10. आजादी का सबक

111

उसे किस तरह कोई आख़िर भुलाये
जो रह-रह के हर बात पर याद आये

ज़माने की गर्दिश ने वो दिन दिखाये
जो अपने थे वो भी हुए हैं पराये

अगर अपने हाथों से साक़ी पिलाये
तो पीने पिलाने का फिर लुत्फ़ आये

वो गिरदाब[1] है बहरे उल्फ़त का हमदम
जो डूबे यहाँ फिर उबरने न पाए

मैं उस वादी-ए-इश्क़ में गामज़न[2] हूँ
कदम खिज्र[3] का भी जहाँ डगमगाए

रहा उनको मुझसे हिजाबे मन-ओ-तू[4]
तसव्वुर[5] में भी वो न आये न आये

नक़ाब अपने रुख़ से अगर वो उठा दें
चमन मुस्कुराये, फिज़ा जगमगाये

1. जल में भवंर 2. चलने वाला 3. एक अमर पैगम्बर जिनके अधिकारों में वन आते हैं और जो भूले भटकों को राह दिखाते हैं, राह भूले हुओं को राह दिखाने वाला देवता 4. मैं और तुम का भाव 5. ख्याल, ध्यान

पिलाना है साक़ी तो ऐसी पिला दे
मुझे ता क़यामत न फिर होश आये

फ़रेबे मोहब्बत में एक उम्र गुज़री
यही सुनते सुनते वो आये वो आये

फिज़ा जगमगाई, हया मुस्कुराई
शबे वस्ल कुछ इस अदा से वो आये

कटी उम्र अपनी यूँ ही राह तकते
न आना था नाशाद उनको न आये

1967 ई.

112

खुशानसीब[1] कि है दिल में आरज़ू तेरी
मशामे जाँ[2] है मुअत्तर[3] बसी है बू तेरी

वो और होंगे जिन्हें है नजात[4] की ख़्वाहिश
शहीदे हुस्ने अज़ल को है आरज़ू तेरी

गरज़ हर एक को तेरा ही ख़ोशःचीं[5] पाया
गुलों ने रंग उड़ाया सबा[6] ने बू तेरी

तेरे जमाल[7] का कुछ ऐसा रोब तारी था
सबा भी छू न सकी जुल्फे मश्क़ ओ बू तेरी

फ़रेबखुर्दः[8] दीवार ओ दर नहीं नाशाद
करे वो दैर[9] में क्यूँ जा के जुस्तजू[10] तेरी

1967 ई.

---

1. जो खुशनसीब हो 2. आत्मा का मस्तिष्क यानी आत्मा 3. सुगंधित, सुवासित 4. मुक्ति 5. लाभ उठाने वाला 6. मंद पवन 7. सौन्दर्य 8. फ़रेब या धोखा खाया हुआ 9. पूजा स्थल 10. तलाश

113

तर्क[1] जब दिल से हर मुद्दआ हो गया
दिल वही फिर बड़े काम का हो गया

इश्क़ की राह में जो फ़ना हो गया
ख़ाक हो कर वही कीमिया[2] हो गया

दर्द की बढ़ के जब इन्तिहा हो गई
रफ़्ता रफ़्ता वही जाँफिज़ा[3] हो गया

वक़्त की खूबियाँ अल-अमाँ[4], अल-हज़्र[5]
आशना जो था ना-आशना हो गया

अपने हाथों से तुमने पिला दी जिसे
बासफ़ा[6] हो गया, बाखुदा[7] हो गया

सोचिये अब कोई नयी तर्ज़े ज़फा
दर्द तो बढ़ के राहत-फिज़ा[8] हो गया

तुझ से नाशाद ऐसी तवक़्को[9] न थी
जामे मय तोड़ कर पारसा[10] हो गया

1967 ई.

1. छोड़ने की क्रिया, अलग करना 2. स्वर्ण 3. प्राण वर्धक 4. उफ 5. अन्दाज़ा लगाना 6.स्वच्छ, विशुद्ध 7. पुण्यात्मा 8. राहत देने वाला 9. अपेक्षा, आशा 10. संयमी

114

ले हाथ में अब जाम ले, साक़ी का अपने नाम ले
पी बादा-ए-गुलफ़ाम[1] पी, अक्ल ओ खिरद[2] से काम ले

है रात लम्बी हिज्र की, तड़पेगा आख़िर ताब के[3]
आशुफ़्ता[4] ये दिल, नाकाम दिल, कुछ देर तो आराम ले

जब साक़ी-ए-नाज़ आफरीं हाथों से अपने जाम दे
इन्कार कर दें, और हम! वाइज़[5] खुदा का नाम ले

जिसने तुझे पैदा किया, जिसने अता सब कुछ किया
उसको कभी तो याद कर, उसका कभी तो नाम ले

खटका जिसे हो मौत का, धड़का जिसे हो हश्र[6] का
नाशाद वो ज़ेरे फ़लक[7] फिर किस तरह आराम ले

1967 ई.

1. लाल मदिरा 2. बुद्धि 3. आखिर तक 4. चाहने वाला 5. धर्मोपदेशक 6. कयामत का दिन जब सभी मृत व्यक्तियों का फैसला होता है 7. आकाश के नीचे अर्थात धरती पर

115

नहीं तुझसे हमको तो कुछ गिला जो अदाए इश्वागरी[1] रही
कि शहीदे नाज़िशे-हुस्न[2] थे हमें सब से बेख़बरी रही

न वो दिल है अब, न दिमाग़ है, न वो जोश है, न ख़रोश है
न वो लब पे शोरे फ़ुग़ाँ[3] रहा, न ख़ूँ की जामादरी[4] रही

न वो बज़्मे ऐश-ओ-निशात है, न सदाए चंग-ओ-रबाब[5] है
न वो ख़ुम[6] रहा, न सुबू[7] रहा, न वो मय की जलवागरी रही

न चमन रहा, न गुलो समन[8], न कहीं है बुलबुल नग़माज़न[9]
तपे ग़म की ऐसी हवा चली कि न कोई शाख़ हरी रही

वो नफ़स नफ़स में था नग़माज़न, वही सोज़ था वही साज़ था
उसे गो नज़र से हिजाब था, पसे पर्दा जलवागरी रही

मेरे चारागर मुझे खौफ़ है, कहीं चाक चाक ज़िगर न हो
जो यूँ ही ये बख़ियागरी[10] रही, जो यूँ ही ये चारागरी[11] रही

1967 ई.

1. नाज नखरे 2. सौंदर्य का गर्व 3. आर्तनाद, दुहाई 4. उन्मत्त अवस्था 5. डफ और रबाब, आशय सुर और संगीत से है 6. मदिरा पात्र 7. शराब की मटकी 8. चमेली का फूल, 9. सुरीली आवाज में गाना 10. फटे कपड़ों को सीना, बखिया करना 11. इलाज

116

अभी आँखों में है यूँ ही नमी सी
अभी है शिद्दते ग़म में कमी सी

निगाहे यार शायद मुल्तफ़ित[1] है
हरीमे[2] दिल में है कुछ रौशनी सी

तड़प उठता हूँ उनका नाम सुन कर
अभी है बेखुदी में कुछ कमी सी

वो दिल में इस तरह हैं जलवा फरमा
निकल आई हो जैसे चांदनी सी

तुम्हारी बज़्म से जाता हूँ लेकिन
तुम्हें महसूस होगी कुछ कमी सी

न हमदम है न कोई हमनशीं है
नज़र आती है दुनिया अजनबी सी

दिले नाशाद को देखा तो बोले
तमन्ना उसमें है लिपटी हुई सी

1967 ई.

---

1. आकृष्ट 2. घर घर की चारदीवारी

117

बर्बादे वफ़ा के मुंह जब आई
खुद उनसे ज़फा ने मात खाई

हम देख न पाये जलवा ए यार
आँखें न उठीं, ग़शी सी आई

आग़ोश में मेरे यार आया
या जिस्म में रूह खिंच के आई

है याद, दिया था दिल किसी को
फिर कोई ख़बर न उसकी पाई

शिकवे थे हज़ार उनसे लेकिन
चाहा तो ज़बाँ खुल न पाई

देखा जो कली को मुस्कुराते
नाशाद को उनकी याद आई

1967 ई.

118

ग़मे जाँसिताँ[1] दे कि दादे वफ़ा दे
जो चाहे मेरे इश्क़ का वो सिला दे

रहेगा ये कब तक हिज़ाबे मन-ओ-तू[2]
उठा भी दे परदा दुई[3] का उठा दे

मज़ा जब है सोज़े मोहब्बत कि अब तू
मेरी तरह उनको तमाशा बना दे

बहुत मुख़्तसर थी हमारी कहानी
ज़माना जो चाहे फ़साना बना दे

अजब रंग लाये हैं शेख़ ओ बरहमन
उठा दे कोई रुख़ से परदा उठ दे

वही ज़हरे ग़म का मज़ा जानता है
ख़ुदा जिसको नाशाद ज़ौके फ़ना[4] दे

1967 ई.

---

1. प्राण घातक 2. मैं और तू के पर्दे में 3. द्वैत भाव 4. मिट जाने का शौक

मुतफ़र्रिक़ अशार

ज़हे बदगुमानी[1], खुशा बदगुमानी
मुहब्बत को भी तुमने अरमान[2] जाना

करिश्मे हज़ारों, अदाएं हज़ारों
कोई सहल है तुमको पहचान जाना

मुहब्बत को हमने मुहब्बत ही समझा
न दुश्वार जाना न आसान जाना

❀❀❀❀

लोगों की चिकनी चुपड़ी बातों में आ न जाना
दुनिया की दोस्ती का नाशाद क्या ठिकाना

धुंधले हैं माह ओ अंजुम[3] ख़ामोश हैं फ़िज़ाएँ
इन बिजलियों के सदक़े हाँ फिर तो मुस्कुराना

---

1. कुधारणा 2. ख़्वाहिश 3. चाँद तारे

अब अपनी ज़िंदगी में लुत्फ़ आ चला है हमको
सदक़े तेरे सितम के यूं ही आज़माए जाना

❀❀❀❀

हयात-ओ-मौत[1] से मुझ को बचा लिया तूने
हज़ार शुक्र कि अपना बना लिया तूने

बुरा हो बेख़ुदी ए इश्क़ का ख़बर न हुई
हज़ार बार गले से लगा लिया तूने

❀❀❀❀

देखते हैं तेरी निगाहों को
ग़म के मारों की ज़िंदगी क्या है

❀❀❀❀

सब ने छोड़ा किया किनारा
ग़म भी कब तक देगा सहारा

❀❀❀❀

न हम से हँसते बनता है न रोते
ये कोई ज़िंदगी है ज़िंदगी में

❀ ❀ ❀ ❀

---

63. जीवन-मृत्यु

जाने क्या आज होनेवाला है
दिल धड़कता है क्यों ख़ुदा जाने

❀❀❀❀

तेरे दर से उठ तो जाऊँ तू ही मुंसिफ़ी से कह दे
है मेरी जबीं[1] के क़ाबिल कोई और आस्ताना[2]

❀❀❀❀

एक दिल की कली न खिल पाई
फूल लाखों खिले बहार आई

❀❀❀❀

क्या कहा, आप कौन हैं, अच्छा
भूल जाता है यूं भी क्या कोई

❀❀❀❀

होते रहे आप के इशारे
जीते रहे ज़िंदगी के मारे

कुछ सोच के रो रहा था कोई
जब डूब रहे थे चाँद तारे

❀❀❀❀

---

1. मस्तक, माथा 2. दहलीज, चौखट

रहने भी दो मुदावा[1], छोड़ो भी अब ख़ुदा पर
दिल जल बुझा कभी का, हम मर चुके कभी के

जोर ओ सितम उठाया, लुत्फ ओ करम भी देखा
आए नहीं हैं यूं ही आदाब[2] ज़िंदगी के

❀❀❀❀

मुबारक मयकशों फिर झूमकर काली घटा आई
वो मौजे बादा[3] लहराई, बहार-ए-जाँफिज़ा[4] आई

तसद्दुक़[5] दर्दे दिल के फिर ख्याले जुल्फे यार आया
नसीमे इत्र-बेज़[6] आई, शमीमे[7] जाँफिज़ा आई

❀❀❀❀

रह रह के छेड़ती है फिर चश्मे फ़ितना सामाँ[8]
फिर रूह मुज़्तरिब[9] है, बेताब है रगे जाँ

दुश्वार जिस को समझा, आसान जिस को जाना
वो राहे इश्क ऐ दिल, दुश्वार है न आसाँ

❀❀❀❀

---

1. उपचार 2. शिष्टाचार, तौर तरीके 3. शराब 4. प्राण वर्धक वसंत ऋतु 5. सदके, मेहरबानी, 6. सुगंध फैलाने वाला 7. सुगंध 8. साजिश करने वाली नटखट नजर 9. व्याकुल, बेचैन

जान कर कौन आग से खेले
जान दे कौन आशिक़ी कर के

❀❀❀❀

छिड़ी जब कहीं दास्ताने मुहब्बत
दिले गुमशुदा की बहुत याद आई

तज़्किरा[1] था हमारे दिले ज़ार[2] का
आप क्यों रो पड़े याद क्या आ गया

❀❀❀❀

वफ़ा पर भी मेरी क्या-क्या गुमाँ थे
अजब वो दिन थे जब तुम मेहरबाँ थे

थी जिनसे गर्मी-ए-शौके-शहादत[3]
तुम्हारे ही इशारात-ए-निहाँ[4] थे

बिसाल ओ हिज्र अब दोनों हैं यकसाँ
कभी सरगश्त-ए सूद-ओ-जियाँ[5] थे

❀❀❀❀

हाले नाशाद देख कर बोले
तुम को शिकवा है कम निगाही का

❀❀❀❀

---

1. दोष निकलने वाला 2. व्यथित हृदय 3. प्राण न्योछावर कर देने का जज्बा 4. गुप्त संकेत
5. लाभ और हानि से परेशान

हम सा बेआशना न होगा
कोई अपना हुआ न होगा

❀❀❀❀

खुल न सके असरार-ए-मोहब्बत[1]
ठहर गया दिल कहते-कहते

❀❀❀❀

मुहब्बत तर्क[2] करते हो रहेगा सिलसिला फिर भी
मैं याद आऊं न आऊं याद आएगी वफ़ा फिर भी

❀❀❀❀

दिल जल बुझा जो राख़ थी बर्बाद हो चुकी
क्यूँ छेड़ती है बादे सबा[3] अब धरा है क्या

❀❀❀❀

बढ़ गयी और दिल की बेताबी
याद किसका ख़िराम-ए-नाज़[4] आया

खुद ब खुद झुक गयी जबींने-नियाज़[5]
जब खयाले हरीमे नाज़[6] आया

❀❀❀❀

---

1. प्रेम के रहस्य या भेद 2. समाप्त 3. शीतल मंद हवा 4. गर्वीली चाल 5. प्रार्थना में झुका सर 6. प्रेमिका का घर

हाले नाशाद उनसे क्या कहें
मुंह से निकली हुई परायी बात

❀❀❀❀

तुझ सा नहीं मिला, कहीं तुझ सा नहीं मिला
हम ने चराग़ ले के भी ढूँढा नहीं मिला

ऐसे सबुक-ख़िराम[1] को क्या ढूंढता कोई
जिसका कहीं भी नक़्शे-कैफ़े-पा[2] नहीं मिला

❀❀❀❀

इश्क़ करता है जान कर कोई
इश्क़ बेइख़्तियार होता है

पास उनके न तेग़[3] है न खरंग
जाने क्या दिल के पार होता है

❀❀❀❀

कभी देखा था चश्मे मय गूँ[4] को
ज़िन्दगी भर रहा है नशा सा

❀❀❀❀

---

1. तेज चलने वाला 2. आनंद देने वाले पदचिन्ह 3. तलवार, 4. मदिरा के रंग की आँखें

कौन अपना है ज़माने में
याद-ए-अय्याम[1] कोई था अपना

क्या करें ले के दौलत कौनेन[2]
दिल ही जब हाथ से गया अपना

जान कर कौन जान खोता है
चाहता कौन है बुरा अपना

❁❁❁❁

जी होश हुआ है कोई पी कर
कोई पी कर बहक रहा है

मुरझा के गिरा है फूल कोई
ग़ुन्चा[3] कोई महक रहा है

रक्खे हैं वो दिल पर हाथ अपना
अंगारा मगर दहक रहा है

❁❁❁❁

हस्ती के हैं ज़ेरो ग़म
नग़मा-ए-शादी, नौहाए-ग़म[4]

शाद हैं तेरे कुश्ता-ए-ग़म[5]
ऐन नवाज़िश, ऐन करम

❁❁❁❁

1. पुरानी यादों में, बीते हुए दिन की यादों में 2. सांसारिक धन दौलत 3. कली 4. मृत्यु का शोक 5. गम का मारा हुआ

तबियत किसी पर है आयी हुई सी
है कुछ और दिल में समाई हुई सी

न तुम भूल पाये, न हम भूल पाये
मुहब्बत की बातें भुलायी हुई सी

कहे जाओ तुम को नहीं मुझसे उल्फ़त
मगर आँख है कुछ लजाई हुई सी

मुहब्बत की बातें बहुत याद आयीं
वो भूली हुई सी, भुलाई हुई सी

❀❀❀❀

ऐ हैरते नज्ज़ारा वो माय-ए-नाज़[1] आया
क्या पैकर-ए-महबूबी[2], नाशाद नवाज़[3] आया

अब बहरे वुज़ू साक़ी एक जाम सुबू ही दे
वो देख किरन फूटी हंगामा-ए-नमाज़ आया

ग़म्ज़ों[4] ने बलाएँ लीं अश्कों ने दुआएं दीं
आगोशे मुहब्बत में जब पैकरे-नाज़ आया

जिस तरह मै जीता हूँ ये जीने में जीना है
इस जीने से दर गुज़रा इस जीने से बाज़ आया

❀❀❀❀

1. जिस पर गर्व किया जा सके 2. महबूब की शक्ल में 3. कृपा करने वाला 4. आँखों के संकेत

मेरी बरबादियों का ज़िक्र है क्यूँ
ऐसा दिलचस्प माजरा तो नहीं

चश्मे-गिरियाँ[1] को क्या करे कोई
आपसे शिकवा-ए-ज़फा तो नहीं

आब-दीदः[2] हैं आप क्यों आख़िर
मर्ग[3] नाशाद सानिहा[4] तो नहीं

❀❀❀❀

नहीं आज़ाद कोई हमनवा[5] सहन-ए-गुलिस्ताँ[6] में
गिरफ़्तार-ए-कफ़स[7] है या गिरफ़्तार-ए-नशेमन[8] है

❀❀❀❀

तुम अपने किसी सूरत न हुए, जो हमने चाहा हो न सका
जागी न कभी क़िस्मत अपनी, तक़दीर से ऐसा हो न सका

❀❀❀❀

वो हर बात पर याद आता रहा
उसे लाख हमने भुलाया तो क्या

❀❀❀❀

---

1. रोने वाली आँखें 2. जिसकी आँखों में आंसू भरे हों 3. कब्र 4. बुरा समाचार, दुर्घटना 5. एकमत व्यक्ति 6. जीवन रुपी बाग 7. पिंजरा 8. घोंसला

लाये अगर पयाम मेरे गुलइज़ार[1] का
दामन गुलों से भर दूँ नसीमे बहार[2] का

नाशाद उसका जल्वा है हर शै में आश्कार[3]
आलम तमाम अक़्स है रू-ए-निगार[4] का

❀❀❀❀

समझता ख़ुद को है क्या क्या ख़ुदी में
वरना क्या धरा है आदमी में

❀❀❀❀

हाल अपना क्या बताएं आपसे
आख़िरी मंज़िल है ग़म की और हम

❀❀❀❀

सज्दा जिन्हें करता था कभी सारा ज़माना
वह आज ज़माने की हवा देख रहे हैं

❀❀❀❀

किस लिए तुम को बदगुमानी है
दिल ने कब मेरी बात मानी है

❀❀❀❀

---

1. गुलाब जैसी सुकुमार और कोमल गालों वाली 2. वसंत की मंद वायु 3. प्रकट, स्पष्ट 4. प्रियतम का मुख

क्योंकर न तेरी देन के कुर्बान जाइये
इक दिल दिया है वो भी नहीं इख़्तियार में

दिल में हैं दर्द, दर्द में दरमाँने ज़िंदगी[1]
लज़्ज़त अजब है कश्मकश-ए-इंतिज़ार में

नाशाद इस निगाह के कुर्बान जाइये
जो रूह बन गई मेरी मुश्ते-ग़ुबार[2] में

❀❀❀❀

ये कब तक पर्दा हाये माह ओ अंजुम[3]
उठा दे इन हिजाबों[4] को उठा दे

ये कोई देखने में देखना है
फ़िदा शोख़ी के सब पर्दे उठा दे

❀❀❀❀

हमनफ़स[5] हमज़बाँ नहीं कोई
हम वहाँ है जहाँ नहीं कोई

❀❀❀❀

जब अयाँ[6] अपनी हक़ीक़त हो गई
ज़र्रे-ज़र्रे से मुहब्बत हो गई

देखते ही देखते दिल आ गया
बातों-बातों में मुहब्बत हो गई

❀❀❀❀

---

1. जीवन का उपचार 2. मुट्ठी भर खाक, इंसान 3. चाँद तारे 4. पर्दे 5. साथी, मित्र 6. प्रत्यक्ष, स्पष्ट दिखना

गर्दिशे रोज़गार के हाथों
क्या ख़िज़ाँ क्या बहार भूल गए

❀❀❀❀

बादा-ए-जाँफिज़ा[1] मिले न मिले
ग़मे दिल की दवा मिले न मिले

घिर के आई है ग़म की काली घटा
बाब-ए-मैख़ाना[2] वा[3] मिले ना मिले

❀❀❀❀

तेरी बंदानवाज़ियों के निसार
ये न पूछ अब कि ज़िंदगी क्या है

❀❀❀❀

दिल की कीमत, रंजे दो आलम
कुछ तो इसका मोल बढ़ाते

कोई सुनने वाला होता
हम भी अपना हाल सुनाते

❀❀❀❀

मुहब्बत बेनियाज़[4] मुद्दआ है
मुहब्बत खुद मुहब्बत का सिला है

❀❀❀❀

---

1. प्राण वर्धक मदिरा 2. मधुशाला का दरवाजा 3. खुला हुआ 4. जिसे किसी से कुछ भी लेने की इच्छा न हो

याद भी है तुम्हें कि भूल गए
वो मुहब्बत वो प्यार की बातें

❀❀❀❀

क्या हाल बताएं बेदिली का
अब तेरी भी आरज़ू नहीं है

❀❀❀❀

उनसे होने को मुलाक़ात हुई
हम से कोई न मगर बात हुई

❀❀❀❀

इक ग़म-ए-इश्क़ ही नहीं ऐ दोस्त
जान के साथ हैं अज़ाब[1] बहुत

❀❀❀❀

शिकायत क्या करें कमबख़्त दिल ही नुक्ताची[2] निकला
जिसे अपना समझते थे वोह मारआस्ती[3] निकला
शिकायत क्या करें नाशाद हम बेइल्तिफ़ाती[4] की
जो सच पूछो तो दिल ही यार के क़ाबिल नहीं निकला

❀❀❀❀

है अफ़साना-ए-इश्क़ मेरा फ़साना
है आइना-ए-हुस्न मेरी कहानी

❀❀❀❀

1. यातनाएँ, तक़लीफे 2. दोष निकालने वाला 3. गद्दार 4. नामेहरबानी

किताबी नहीं है, निसाबी[1] नहीं है
मेरी शायरी इक़्तसाबी[2] नहीं है

मुहब्बत की बातें हैं लेकिन वहां की
हवस को जहाँ बारयाबी[3] नहीं है

❀❀❀❀

किस तरह नासेह तुझे समझाइये
याद उनकी दिल से अब जाती नहीं

❀❀❀❀

उस महवे–तग़ाफ़ुल[4] से तुझे क्या थी तवक़्क़ो[5]
नाशाद किस उम्मीद पर इक उम्र गवां दी

❀❀❀❀

दुनिया वालो देखो भालो ये दुनिया एक झमेला है
दो ही दिन का है खेल तमाशा दो ही दिन का मेला है

कहना मानो दिल ना लगाना, दिल का लगाना खेल नहीं
खेल नहीं है दिल का लगाना, खेल ये हमने खेला है

क्यों सुख की इच्छा करता है, क्यों दुख की चिंता करता है
कुछ ये भी नहीं, कुछ वो भी नहीं, हम ने ये सब कुछ झेला है

❀❀❀❀

---

1. पाठ्यक्रम जैसी 2. उपार्जित की गई, सीखी हुई 3. मिलने का सौभाग्य, पहुँच 4. जो उपेक्षा करने में तल्लीन हो 5. अपेक्षा, उम्मीद

रुबाइयात

1.

दिल पर जो पड़ी चोट वो खाते ही बनी
उफ़्ताद[1] पड़ी जो भी उठाते ही बनी
हर चन्द कि रोने को बहुत जी चाहा
पूछा जो किसी ने मुस्कुराते ही बनी

2.

ज़हर बा[2] ग़म के घूंट पीते ही बनी
मांगे न मिली मौत भी जीते ही बनी
इक उम्र तड़प-तड़प के काटी नाशाद
शिकवा कैसा, ज़बाँ सीते ही बनी

3.

होता जो शरीक़े दर्द ऐसा न मिला
दुनिया में कहीं ख़ुदा का बंदा न मिला
कोई ईसा नफ़स न पाया हमने
मुर्दा दिल का कहीं मुदावा[3] न मिला

---

1. विपत्ति, मुसीबत 2. विष मिला हुआ भोजन जो शत्रु को मारने के लिये दिया गया हो
3. उपचार, दवा

4.

एक रोज शबाब याद आयेगा बहुत
ये नक़्श बर आब[4] याद आयेगा बहुत
सदमा गुज़रेगा जान ओ दिल पर नाशाद
भूला हुआ ख़्वाब याद आयेगा बहुत

5.

फ़ीकी है बहुत, तेज़ बना दे साक़ी
इसमें कुछ ज़हर भी मिला दे साक़ी
कम हो ना सुरूर ताक़यामत जिसका
आज ऐसी मए-नाब[5] पिला दे साक़ी

6.

पैमाना-ए वफ़ा तोड़ के जाने वाले
नाशाद से मुँह मोड़ के जाने वाले
क्या रस्मे-वफ़ा ओ रस्मे-उल्फ़त है यही
सोचा भी कभी, छोड़ के जाने वाले

7.

रोते हुओं को बता, हंसाया है कभी
आंसू पोंछे है, दुःख बटाया है कभी
क्यूँ तेरा शरीक़े ग़म हो आख़िर कोई
नाशाद किसी के काम आया है कभी ?

---

1. बहुत चमकदार 2. निर्मल मदिरा (जिसका आशय ईश्वर प्रेम से है)

8.

पी कर कोई ख़राब हो जाता है
कोई रहने अज़ाब हो जाता है
अपने हाथों से तुम पिला दो जिसको
रिन्द अज़्मत-माब[1] हो जाता है

9

ग़र्के मए-नाब[2] दीन[3] ओ ईमाँ कर दे
मेरे जीने का कुछ तो सामाँ कर दे
तूफाने शराब में डुबो दे साक़ी
इतना तो मुझ पे आज अहसाँ कर दे

10

मुश्किल ही से ज़ीस्त का मज़ा मिलता है
किस्मत ही से बख़्त-नारसा[4] मिलता है
ग़म की तासीर ओ तल्ख़ कामी[5] का मज़ा
मिलता है, अगर ज़ौक़-ए-फ़ना[6] मिलता है

11

राहे उल्फ़त में कुछ न पाया हमने
धोका खाया, फ़रेब खाया हमने
निकला वो सराब[7] जिसको दरिया समझा
हर गाम[8] पे रंज ही उठाया हमने

---

1. सम्माननीय 2. निर्मल मदिरा (जिसका आशय ईश्वर प्रेम से है) 3. धर्म 4. ऐसा भाग्य जो व्यक्ति को कहीं न पहुचने दे 5. कड़वाहट 6. मर मिटने का आनंद 7. मृगतृष्णा, 8. कदम

12

कोसों रही दूर कामरानी[1] हमसे
रूठी ही रही शादमानी[2] हमसे
एक उम्र हुई मिज़ाज उसका न मिला
बदजन[3] ही रही है ज़िन्दगानी हमसे

13

अब पूछ के हाल क्या करेगा कोई
मेरे दुःख की दवा करेगा कोई
रग रग में है जान की जगह दर्द ही दर्द
अब क्या सई-ए-शफ़ा[4] करेगा कोई

14

देखा अहदे शबाब[5], देखा हमने
गोया रंगीन ख़्वाब देखा हमने
बहरे हस्ती में उसकी हस्ती क्या थी
उसको मसले हबाब[6] देखा हमने

15

क्या ग़म जो किसी को तुमने जन्नत दी है
क्या ग़म, जो किसी को अच्छी किस्मत दी है
नाशाद को भी ग़मे मुहब्बत दे कर
गोया दोनों जहाँ की दौलत दी है

---

1. कामयाबी 2. खुशियाँ 3. जो किसी के बारे में खराब सोचे 4. आरोग्य करने का प्रयत्न करना, 5, यौवन काल, जवानी के दिन 6. बुलबुला

16

देखी तेरी शाने किबर्याई[1] देखी
देखी हमने तेरी ख़ुदाई देखी
देखीं तेरी मख़्लूक़[2] की जिंदा लाशें
मज़्लूम[3] जहाँ की बेनवाई[4] देखी

17

वो दिल न रहा वल्वला-ए-दिल[5] न रहा
वो जोश ओ ख़रोश ओ शौक़े मंज़िल न रहा
इफ़्कार-ए-हयात[6] ने झंझोड़ा ऐसा
नाशाद किसी काम के क़ाबिल न रहा

18

वो दिन न रहे न अब वो रातें ही रहीं
वो हम न रहे न अब वो बातें ही रहीं
वो दिल में उमंग, सर में सौदा[7] न रहा
वो शौक़[8] रहा न अब वो घातें ही रहीं

19*

है क़ैद-ए-रोज़गार में हस्ती बरबाद
रह-रह के तड़प रही है रूहे नाशाद
दो चार बरस में छूट ही जाते लेकिन
सय्याद ने कैद की बढ़ा दी मियाद

---

1. ईश्वर के द्वारा किये गए कार्य 2. संसार 3. जिस पर जुल्म हुआ हो 4. दरिद्रता, कंगाली 5. दिल में उत्साह, उमंग 6. जीवन में गरीबी में रहना 7. दीवानापन 8. अभिलाषा, चाहत

* **नोट:** जब सरकारी मुलाजिम की पेंशन लेने की मियाद तीन साल बढ़ाई गई उस वक़्त यह रुबाई कही थी।

20

सरसों फूली हुई है आया है बसंत
हर फ़र्दे बशर[1] पे खूब छाया है बसंत
दिल अपना भी बल्लियों उछलता है आज
गोया कि पयामे यार लाया है बसंत

21

ताक़त पे है क्यूँ ग़रूर इतना तुझको?
दो दिन की हकूमत पे ये ग़र्रः[2] तुझको?
ऐ मस्त-ए-शराब-ए-खुदपसंदी ओ खुदी
मालूम है क्या कहती है दुनिया तुझको?

22

कोई हाकिम है यहाँ कोई महकूम[3]
अपनी किस्मत है, अपना अपना मक़्सूम[4]
हाकिम महकूम दोनों लाज़िम मल्ज़ूम[5]
जब तेरी समझ में आये उसका मफ़हूम[6]

नोटः एक फिरऔन[7] बेसामान कायम मक़ाम डिप्टी कमिश्नर के तर्ज़े अमल को देख कर यह रुबाइयाँ (21, 22) कही थीं।

1. हर एक व्यक्ति 2. घमंड, हेकड़ी 3. आधीन, प्रजा 4. भाग्य 5. जो वस्तु अलग न हो सके, सम्बद्ध 6. मंशा, उद्देश्य 7. मिश्र का एक तानाशाह

नज़मियात वगैरह

गर्दिशे दौराँ

दरप-ए-रंज अभी गर्दिशे दौराँ[1] है दोस्त
अभी हैरान ओ परेशां बहुत इंसाँ है दोस्त

होते रहते हैं शबो रोज़ नये जोर ओ सितम
निगहे यार अभी फ़ितना-ए-दौराँ[2] है दोस्त

अब भी होती है बशर हिज्र[3] में सूनी रातें
अल्लामा[4], अब भी वही कुल्फ़ते हिज्राँ[5] है दोस्त

गरचे है शोर बहुत लुत्फ़ ओ करम का लेकिन
निगहे लुत्फ़ ओ करम अब भी गुरेज़ाँ[6] है दोस्त

एक कतरा भी मयस्सर नहीं पीने को यहाँ
मुह्तसिब[7] की तो नज़र आज भी पुर्सां[8] है दोस्त

चुप तो हो हमदम-ए-देरीना[9] जरा बात तो सुन
तुझ को बेवजह ये क्यों काविशे-पिन्हाँ[10] है दोस्त

---

1. जीवन के उतार चढ़ाव अभी घात में हैं 2. सांसारिक मुसीबतें 3. विरह 4. प्रकांड पंडित 5. विरह वेदना 6. पास न आने वाली 7. वह कर्मचारी जो लोगों को शराब पीने से रोके और मधुशाला की निगरानी करे 8. जिज्ञासु, पूछने वाली 9. पुराना दोस्त 10. गुप्त चिंता, छुपी हुई फिक्र

तुझ को मालूम है हमने वो तरक़्क़ी की है
अक्ले फितरत भी जिसे देख के हैराँ है दोस्त

महफ़िले आम में है परदानशीं रक़्स-कुनाँ[1]
जब कि हर एक अदा हश्र-बदामाँ[2] है दोस्त

रक़्से उर्यां[3] की कसम, चश्मे तमाशा की कसम
शर्म भी शर्म से अब सर-ब-गरेबाँ है[4] दोस्त

अस्मत ओ हुस्न यहाँ बिकते हैं खुल्लमखुल्ला
जो गराँ[5] जिन्स कभी थी बहुत अर्ज़ां[6] है दोस्त

मुफ़्लिसी[7] रोती है नादारों[8] की नादारी[9] पर
खंद:जन[10] आज भी ज़रदारों का ऐवाँ[11] है दोस्त

जामा-ज़ेबी[12] तो कहाँ तन पे लंगोटी भी नहीं
ऐवज़े नान-जू-ईं,[13] रहमते यज़्दाँ[14] है दोस्त

इल्म ओ हिकमत[15] सरे बाज़ार यहाँ बिकते हैं
पीर[16] दानिश[17] भी बहुत सोख़्ता-सामाँ[18] है दोस्त

देख कर हाले वतन ख़ाके शहीदाने वतन
मुँह छुपा लेने को हर सिम्त[19] गुरेज़ाँ है दोस्त

---

1. नृत्य करता हुआ 2. कयामत जैसी 3. अश्लील नृत्य 4. शर्म से सर झुका लेना, 5. कीमती, महंगी 6. सस्ती 7. निर्धनता, गरीबी 8. दरिद्र 9. निर्धनता 10. हँसी उड़ाने वाला, 11. सलाहकार 12. अच्छे कपड़े पहनना 13. रोटी और भूख के बदले 14. नेकी का खुदा 15. ज्ञान और बुद्धि 16. धर्मगुरु 17. ज्ञानी 18. मुश्किल से मिलने वाले, विरले 19. हर दिशा से बचकर निकलना

हर तरफ देख के रंगीनी-ए-इस्याँ[1] की बहार
कोई शशदर[2], कोई अंगुश्त बदन्दाँ[3] है दोस्त

यह भी मालूम है इस्याँ[4] से है रहमत की बहार
क्या यूँ ही वर्ना, ये गुलकारी-ए-इस्याँ[5] है दोस्त

ज़ाहिद ए पाक की बातों में तू आता क्यूँ है
हूर ओ गुल्माँ[6] से बसा इसका शबिस्ताँ है दोस्त

वो तो बदनाम है बदनाम बहुत ऐसे हैं
रूहे शैतान भी जिन्हें देख के लरजाँ[7] है दोस्त

राज़ की बात है यह जो भी है वो इब्नुल वक़्त[8]
कौन काफ़िर है यहाँ कौन मुसलमाँ है दोस्त

जो मुक़द्दर में है जिसके उसे मिलता है यहाँ
कोई गिरियाँ[9], कोई नालाँ[10], कोई ख़न्दाँ[11] है दोस्त

तुझको फ़ुर्सत जो मिले आ मेरी महफ़िल में कभी आ
कि मोहब्बत की यहाँ शम्मा फ़रोज़ाँ[12] है दोस्त

अब भी आगोशे हया रहती है वा[13] मेरे लिये
मेहरबाँ मुझ पे अभी खुसरो[14] ख़ूबाँ[15] है दोस्त

---

1. पाप की रंगीनियाँ 2. चकित, हक्का बक्का 3. दांतों तले ऊँगली दबाना 4. पाप 5. पाप का नजारा 6. अप्सराएं और दास 7. लज्जित 8. अवसर वादी, जो वक्त के हिसाब से बदल जाये 9. रोता हुआ 10. दुहाई देता हुआ 11. मुस्कुराता हँसता हुआ 12. आलोकित, प्रकाशवान 13. खुली हुई 14. बादशाह 15. सुंदर स्त्रियाँ

कोई रहता है मेरे हिज्र में बेताब बहुत
ज़ब्त के साथ वही शोरिशे पिन्हाँ[1] है दोस्त

मै वही, वो भी वही, रौनके दिल भी वही
शम्मा उल्फ़त की अभी दिल में फ़रोज़ाँ है दोस्त

है बदस्तूर वही नाज़, वही लुत्फ़ो करम
हर तरफ मेरे लिये ऐश का सामाँ है दोस्त

कुश्ता - ए - नाज़ो - अदा[2] हूँ, मै वफ़ा का बंदा
हुक्मराँ दिल में मेरे मल्कए ख़ूबाँ[3] है दोस्त

एक मुद्दत हुई शोले से उठा करते हैं
आतिशे इश्क़ अभी दिल में फ़रोज़ाँ है दोस्त

कोई जलता है जले रश्क़ करता है करे
मेरी किस्मत में अभी सोहबते ख़ूबाँ है दोस्त

कौन कहता है नहीं मिलती है पीने को यहाँ
दौरे साग़र है वही महफ़िले रिन्दाँ है दोस्त

ज़ाहिदे खुश्क भी हैं और बलानोश भी हैं
खुमो साग़र की कसम, जोश में ईमाँ है दोस्त

अभी पीता हूँ, पिलाता भी हूँ, सरशार भी हूँ
साग़रे दिल[4] में अभी बादा - ए - इर्फ़ां[5] है दोस्त

---

1. छुपा हुआ कोलाहल 2. नाज नखरों का मारा हुआ 3. सुंदरियों की रानी 4. दिल रुपी प्याला 5. ज्ञान या विवेक रुपी मदिरा

शिकवासंज़ - ए - ग़मे - दुनिया[1] है यूँ हीं तो वर्ना
रहमते हक़ की किस्मत, रहमते यज़्दाँ[2] है दोस्त

सबको मिलता है यहाँ हुस्ने अमल का समरा[3]
चन्द लफ्जों में यही रस्मे गुलिस्ताँ है दोस्त

❀❀❀❀

1. दुनिया के गमों की शिकायत करने वाला 2. भगवान की दो रूपों में कल्पना है, नेकी का और बदी का, यज्दाँ का अर्थ नेकी के भगवान से है 3. प्रतिफल

बज़्मे अरबाबे जुनूँ

आ सजाएँ अज़ सरे नौ[1] बज़्मे अर्बाबे जुनूँ[2]
इक नया सहरा नया जोशे जुनूँ पैदा करें

आ कि फिर मिल कर उठा दें पर्दा हाए रंग ओ बू
दूर चेहरे से नक़ाब-ए शाहिदे मानी करें

छेड़ दें फिर साज़े दिल से नग़मा हाए सरमदी[3]
हुस्ने फ़ितरत ले बलाएं वो फ़िज़ा पैदा करें

ज़र्रे-ज़र्रे से सदा निकले कि मैं ख़ुशींद[4] हूँ
कम से कम इतना तो नगमों को तजल्ली-ज़ा[5] करें

फूँक दें रग-रग में सहरा के फ़सूने जिंदगी[6]
नाला ए वहशत[7] असर में वो नवा[8] पैदा करें

खून के छींटे बयाबाँ में करें गुलकारियाँ[9]
आज खास अंदाज़ से आराइश[10]-ए-सहरा करें

ताब के नाशाद जोशे चाकदामानी-ए-शौक़[11]
राज़े अरबाबे जुनूँ को किस लिए अफ़्शाँ[12] करें

1940 ई.

1. नये सिरे से, पुनः 2. ऐसे लोग जिन्हें प्रेमोन्माद हो 3. नित्य, अनश्वर, सदा रहने वाला 4. सूर्य 5. प्रकाश देने वाला 6. जिन्दगी के उतार चढ़ाव 7. भय 8. स्वर, गान 9. बेल बूटे का काम 10. सजावट 11. प्रेम में नष्ट होने का शौक 12. फैलाना, छिड़कना

नैरंगे जुस्तजू

मौजों के तरन्नुम में, तूफ़ाँ में तलातुम[1] में
बच्चों के तकल्लुम[2] में, फूलों के तबस्सुम[3] में
तू ही नज़र आया है
मैंने तुझे पाया है

इसरारे मुहब्बत में,जोशे ग़म ओ वहशत में
नुज़्हत[4] में लताफ़त[5] में, रंगीनी–ए–फ़ितरत[6] में
तू ही नज़र आया है
मैंने तुझे पाया है

हर काकुले पेचाँ[7] में, हर सुंबुल[8] ओ रैहाँ[9] में
हर दश्त[10] ओ बयाबां में, हर सुबह गुलिस्ताँ में
तू ही नज़र आया है
मैंने तुझे पाया है

हर इश्वः–ए–राना[11] में, हर जलवा–ए–ज़ेबा[12] में
हर साग़र ए सहबा[13] में, हर रंगे तमन्ना में
तू ही नज़र आया है
मैंने तुझे पाया है

---

1. लहरें 2. बातचीत 3. हास्य, स्मित 4. पवित्रता 5. शुद्धता 6. स्वभाव 7. घुंघराले केश 8. एक सुगंधित वनौषधि 9. एक खुशबूदार घास 10. वन 11. सुंदर स्त्रियों के हाव भाव 12. दिलकश सौंदर्य 13. एक प्रकार की अंगूरी शराब

मख़मूर[1] जवानी में, उल्फ़त की कहानी में
अन्दोहे निहानी[2] में, अश्कों की रवानी में
तू ही नज़र आया है
मैंने तुझे पाया है
रंगीन अदाओं में, मासूम जफ़ाओं में
पुर कैफ़ फिज़ाओं में, खामोश सदाओं में
तू ही नज़र आया है
मैंने तुझे पाया है

1940 ई.

1. नशे में चूर 2. छिपाए रहने का खटका

हुस्ने लासानी

अपना सानी आप है तू आप ही अपना जवाब
तेरा मुंह देखा करें सौ माहताब और आफ़ताब

गो अज़ल[1] से आज तक लाखों बनाए माहताब
सानिए क़ुदरत[2] बना पाया कहाँ तेरा जवाब

जब बनाया कुछ न कुछ उन में कमी महसूस की
और जब तुझ से मिलाया आ गई लब पर हंसी

इस तरह नक्शे बनाए और मिटाए बारहा[3]
दस्त ए साने[4] फिर बना पाया न तुझ सा दूसरा

नाज़ है फ़ितरत को तुझ पर हुस्न-ए-लासानी[5] है तू
हुस्न की देवी है तू, नाशाद की रानी है तू

1949 ई.

1. अनादि काल 2. चित्रकार रुपी प्रकृति 3. बार बार, प्राय: 4. सृष्टि कर्ता के हाथ, 5. अपूर्व सौन्दर्य

किसने खोया किसने पाया

पूछ रहा हूँ कुछ तो बताओ
दिल को किस ने रोग लगाया
किस ने बढ़ाई इस की क़ीमत
किस ने गले का हार बनाया

क़तरा-ए-ख़ूँ थी उस की हक़ीक़त
किस ने उसे परवान चढ़ाया
ये संभला है और ना संभले
हमने दुआ से हाथ उठाया

तुम पे निछावर, तुम को मुबारक
हम ने दिल से हाथ उठाया
भूल ना जाना, दिल की रानी
किस ने लूटा, किसने लुटाया

कौन कहे अब कौन बताए
किसने खोया, किसने पाया

1949 ई.

अभी बाक़ी हैं ताक़त के पुजारी

बदलने की नहीं दुनिया की सूरत
दिलों में है अभी बाक़ी कदूरत[1]
बुझी है आग, चिंगारी दबी है
मरीज़ अच्छा है, बीमारी दबी है

अभी बाक़ी हैं दौलत के पुजारी
अभी है हुकुमराँ सरमायादारी[2]
अभी हैं ख़ून के प्यासे दरिंदे
अभी बाक़ी हैं ख़ूँख़्वारी के धंधे

अभी 'काली' को दुनिया मानती है
बज़ाहिर गो जहाँ में शांती है
अभी तलवार पर है सब का ईमान
कि इंसाँ देता है इंसाँ का 'बलिदान'

अगर हमदम यही हालत रहेगी
यकीं रख ख़ून की नद्दी बहेगी

1949 ई.

---

1. वैमनस्य 2. पूँजीवादी

हवा में है किसी तूफ़ाँ की आहट

ज़माना जल्द फिर बदलेगा करवट
निज़ामे दहर में है थरथराहट

हवा में ख़ून की बू आ रही है
फ़िज़ा ए दहर[1] में है कंपकपाहट

ख़बासत[2] का अभी तक शाइबा[3] है
अभी है साग़र ए बादा में तलछट

अभी सरमायादारी का है ग़ल्बा[4]
अभी है सीम ओ ज़र[5] के नाम की रट

ग़रीबों की नहीं सुनता है कोई
ज़माने पर अभी हावी है नटखट

कोई छोटा, अभी कोई बड़ा है
अभी है बिस्तर ए आलम में सलवट

सियासतदान-ए मग़रिब[6] के तसद्दुक़[7]
नज़र आती है इनमें बौखलाहट

यकायक कान फिर बजने लगे हैं
हवा में है किसी तूफान की आहट

बदल जाए ना फिर दुनिया का नक़्शा
न हो जाए ये कारोबार तलपट

1949 ई.

---

1. दुनिया 2. दुष्टता, नीचता 3. मिलावट 4. आपसी मार काट 5. चांदी सोना 6. पश्चिम 7. खैरात, भक्ति

- - - - से ख़िताब

तुम्हारी शोख़ अदाओं से खेल सकता हूँ
ज़माने भर की बलाओं से खेल सकता हूँ

वो और होंगे जो डरते हैं नार-ए-दोज़ख़[1] से
ख़ता माफ़! सज़ाओं से खेल सकता हूँ

जफ़ा से बाज़ न आओ, तुम्हें जफ़ा की क़सम
ख़ुदा गवाह, जफ़ाओं से खेल सकता हूँ

जिन्हें है ज़ाम[2] ज़माने की रहनुमाई का
मैं ऐसे रहनुमाओं से खेल सकता हूँ

न अपनी ताक़त ओ सर्वत[3] पे इतना इतराओ
मैं ऐसे झूठे ख़ुदाओं से खेल सकता हूँ

ज़माना है जो मुख़ालिफ़[4], हुआ करे नाशाद
ज़माने भर की बलाओं से खेल सकता हूँ

1949 ई.

---

1. नर्क की अग्नि 2. गुमान 3. धन दौलत 4. प्रतिकूल, विरोधी

हम

नज़्मे क़ुदरत के नुक्ता-दाँ[1] हैं हम   महरमे-राज़े[2] दो जहाँ है हम
राज़े सरबस्ता[3] ओ निहाँ हैं हम   अपने और उनके दरमियाँ हैं हम
गो बज़ाहिर हैं ज़र्रा-ए-नाचीज़[4]   बज़्मे आलम में ज़ौ-फ़िशाँ[5] हैं हम
रौनक़े दो जहाँ हमीं से है   ज़ीनते कौन-ओ-लामकाँ[6] हैं हम
गूँजते हैं हमारे ही नग़मे   बज़्मे आलम में नग़मा ख़्वाँ हैं हम
हम ही हम हैं जहां कहीं देखो   क्या बताएं कहाँ-कहाँ हैं हम
इश्क़ के ही नहीं हैं नब्ज़ शनास[7]   हुस्नं के भी मिज़ाजदाँ हैं हम
शोरिशे दो जहाँ[8] हमीं से है   बायसे दौरे आसमाँ हैं हम
हम से लर्ज़े[9] में है निज़ामे जहाँ   यूं तो एक मुश्ते-इस्तेख़्वाँ[10] हैं हम

उनके लुत्फ़ ओ करम से सब कुछ है
वरना एक मुश्ते - इस्तेख़्वाँ हैं हम

1949 ई.

1. काव्य मर्मज्ञ 2. रहस्य जानने वाला 3. छुपा हुआ 4. एक छोटा सा कण, शायर खुद के बारे में कह रहा है 5. प्रकाश बिखेरने वाला 6. सारा आलम, दोनों जहाँ 7. नस नस जानने वाला, पारंगत 8. सांसारिक उथल पुथल 9. भय से कांपना 10. एक मुट्ठी खाक

अब तो आँखें खोल

सोते-सोते उम्र गंवाई अब तो आँखें खोल
सूरज निकला हुआ सवेरा नाम हरी का बोल

मंदिर के पट खोल लिए क्या होगा इस से बोल
मन-मंदिर तो बंद पड़ा है उसके पट तो खोल

सारे जग की झूठी माया जैसे चलती फिरती छाया
दुनियावालो बुरा ना मानो दुनिया है इक झोल

झूठे नाते, झूठे रिश्ते, तुम भी झूठे हम भी झूठे
कौन है अपना, कौन पराया, ढोल के अंदर पोल

कौन लगाए उनकी क़ीमत, कौन बताए उनके दाम
प्रेम के आँसू आँसू कब हैं? मोती हैं अनमोल

तुम भी दुःखी हो हम भी दुःखी हैं दुखिया है संसार
मुंह से बात जो निकले प्यारे निकले मीठे बोल

नाशाद आए हो सौदा करने सोच समझ कर बात करो
दिल भी पुराना - तुम भी पुराने, इस पर इतना मोल

1949 ई.

राम गुन गा ले

राम गुन गा ले, प्रभु गुन गा ले, गा ले उसके गीत
तेरी देह का कौन भरोसा बालू की सी भीत

जग को तूने जीता फिर भी कौन है तेरा मीत?
अपने चंचल मन को प्यारे जीत सके तो जीत

किस को अपना कहता है तू कौन है तेरा मीत?
झूठी दुनिया, झूठी माया, झूठी जग की प्रीत

प्रेम नगर की उल्टी बातें, प्रेम नगर की उल्टी रीत
हार यहाँ की हार नहीं है, जीत नहीं है जीत

गांठ गिरह में दाम नहीं थे, किस से करता प्रीत
मतलब की है सारी दुनिया, मतलब के सब मीत

महंगी भी है, सस्ती भी है, दुनिया का क्या मोल
जैसा गाहक वैसा मोल है, दुनिया की ये रीत

नाशाद आओ तुम भी सुन लो खूब किसी ने कह दी बात
मन के हारे हार है प्यारे मन के जीते जीत

1949 ई.

क़तात

1.

तुमसे अब तख़्त ओ ताज क्या माँगूँ
दोनो आलम का राज क्या माँगूँ
बाद मुद्दत हुए हो तुम अपने
सोचता हूँ कि आज क्या माँगूँ

2.

बादा – ए – लालाफ़ाम[1] क्या माँगूँ
अपने साक़ी से जाम क्या माँगूँ
मिल ही जायेगी अपनी क़िस्मत की
ले के अब उसका नाम क्या माँगूँ

3.

बादा – ए – लालाफ़ाम पीता हूँ
लेके साक़ी का नाम पीता हूँ
देखता क्या है ज़ाहिद[2] ए ख़ुर्द:बीं[3]
जो है तुझ पर हराम पीता हूँ

---

1. लाल रंग की उत्तम मदिरा 2. संयमी व्यक्ति 3. नुक्स निकालने वाला

4.

मैं जो रह-रह के आह करता हूँ
दिल की दुनिया तबाह करता हूँ
अब तुझे क्या बताऊँ ऐ ज़ाहिद
जान कर क्यों गुनाह करता हूँ

5.

क्यों तुझे इश्तिबाह[1] है साक़ी
किस लिए उज़्र-ख़्वाह[2] है साक़ी
जिस क़दर हो मुझे पिलाए जा
दिल अभी रू बराह है साक़ी

6.

है छलकने को अयाग़-ए-ज़िंदगी[3]
टिमटिमाता है चराग़-ए-ज़िंदगी
है उजड़ने को ख़ियाबान-ए-हयात[4]
हो चुकी तज़्ईन[5]-ए-बाग़-ए-ज़िंदगी

7.

ताबके राज़े हिजाब-ए-ज़िंदगी
कुछ तो हो ताबीर[6] ख़्वाब-ए-ज़िंदगी
मुतरिब[7] रंगीं नवा[8] फिर छेड़ दे
दस्ते-सीमीं[9] से रबाब[10] ए ज़िंदगी

---

1. शंका, संदेह 2. प्रत्युपकार का इच्छुक 3. जीवन रुपी प्याला 4. जीवन का बाग, 5. अपने को बनाना संवारना, श्रृंगार करना 6. स्वप्न फल 7. गायक 8. स्वर, गान, 9. चांदी सा उज्जवल हाथ 10. सितार जैसा एक बाजा

8.

मैं सब में हूँ मगर सब से जुदा हूँ
मैं ख़ुद उक्द:[1] हूँ ख़ुद उक्द:कशा[2] हूँ
अज़ल[3] से अक्ले इन्साँ है परेशाँ
समझ में कुछ नहीं आता कि क्या हूँ

1. राज, जटिल समस्या, पेंचीदा मामला 2. राज को उजागर करने वाला 3. अनादि काल